英語リーディングテストの考え方と作り方

卯城祐司 編著
USHIRO Yuji

研究社

はじめに

　小テスト、中間・期末テスト、実力テストに入試と、私たちは年中、テストを作成し採点しています。学期の終わりに80点以上は「5」、70点以上は「4」、50点以上は「3」などと点数に応じて評価をつけています。しかし、80点は本当に60点より上なのかどうか、と疑い始めるといろいろと問題が出てきます。たとえば、語順並べ替えテストをしたとしましょう。たしかに語順並べ替えテストで80点をとった生徒は60点をとった生徒よりも点数ははるかに上です。しかし、英語力は明らかにあるはずなのに、並べ替えテストは得意ではないという生徒もいるのではないでしょうか。言い換えると、テストが、単に「並べ替え名人」を選ぶテストになっているという可能性も否定できないのです。もしそうだとしたら、このテストは実際に英語が言えたり書けたりすることとは必ずしも関係がないということになるわけですから、こういう問題で生徒が一喜一憂するのはじつはおかしなことなのです。

　一方で、テストについては、いろいろなことが言われてきました。そのひとつが、「多肢選択式は勘が大きく左右する偶然性の高い問題である」というものです。「4択の場合、推定誤差は25％の範囲内」などと理屈をつけながら使い続けてはいますが、なんとなく旧習を墨守している感じもします。なるべく簡便な方法で、その当て推量の確率を少しでも減らす方法はないものでしょうか。

　リーディングのテストに関してこれまたよく言われるのが、「教科書で1度読んだ英文をテストに出してはいけない」というものです。確かに『英語リーディングの科学』『英語で英語を読む授業』でも、この種のテストを「日本語訳の暗記を測るテスト以外の何ものでもない」と厳しく批判しました。でも本当は、こんなことを言われて現場の先生方は大いに不満ではないでしょうか。まったく違う新たな英文をどこかからひっぱってきてテストを作った場合、英語リーディングの実力を見ることはできても、授業の中でのリーディング指導について生徒の理解度を見たりすることはできな

いかもしれないからです。

　英語リーディングテストの世界はじつはわからないことだらけなのです。しかし多くの教室で、その謎に気づいていなかったり、気づいていても後回しを決め込んだりしながら、今日も80点、60点と採点、評価しています。

　本書は、中高の先生方がこれまでに感じてきたリーディングテストに関する漠然とした疑問、経験したさまざまな困難や失敗を念頭に、テストをどのように改良していけばよいのか、また、これまでと違う視点から見て、どのような改善点が他に考えられるのかを解説しています。一方、テスト理論からは、「おや」と思うような研究成果をできるかぎり専門用語を用いずに文献などから紹介し、教室での応用可能性について語っています。実践、理論ともにリーディングテストにまつわるさまざまな疑問に答えることが本書の目的です。

　本書の内容について概説しておきましょう。前半の「英語リーディングテストの考え方」では、いかなる先入観も排して、言語テストに関する膨大な学術文献やデータから、「おや」「え～、そうなの？」と思うような新事実を多く明らかにすることを目指しました。テスト理論とデータに基づく、科学的で確かな情報を提供しようと試みています。

　「第1章　英語リーディングテストが求める読解力」では、「大規模テストで測定される読解力」として IELTS (International English Language Testing System)，TOEIC (Test of English for International Communication)，英検（実用英語技能検定）など広く用いられているテストにおけるリーディング問題の特徴についてまとめています。この他にも TOEFL (Test of English as a Foreign Language) などのテストもあるのですが、他の章でも詳細にふれていますので、ここではこの3つのテストに焦点を当てています。中でも IELTS は、実践的な場面における読みの形やその測定方法が個性的です。各テストの英語リーディングに対する考え方や測定の切り口は、教室におけるテストを考えるうえでも示唆に富みます。この章では続いて、「学習指導要領と学力テスト」、「入試問題の現状」についてふれ、学習指導要領が求める英語リーディングの力と、それがリーディング理論や測定方法とどう関わっているのか解説しています。

英語リーディングテストは、大きく分けて英文とそれについての問題から構成されていますが、「第2章　テストで使用する文章と読み解く力」では前者の英文テキストの部分についてさまざまな角度から検証しています。まず「テキストの難易度の尺度」では、よく用いられているリーダビリティの公式を紹介し、多読指導の場合などで用いられる長い英文の場合、どのような簡略な計り方があるのかなどについてもふれています。また、私たちが実際に用いている中学校、高等学校における英語の教科書やセンター試験、国公立大学2次試験、私立大学入試における英文の難易度についてのまとめは、今後、リーダビリティをもとに日々のリーディングテストを作成するうえでの指針になるはずです。「テキスト構造を読み解く力」では、中高で指導されている英語リーディングに対応している英検をもとに、使用されている英文のテーマや、そこで読み取る内容を分類し、英文のさまざまなジャンルがリーディングにどのような影響を与えているのか考えています。論説文ひとつを例にとってもさまざまな文章構造の型があり、リーディングに少なからず影響を与えるなど、私たちがテスト作成時に英文を選択するうえで参考になります。また、「複数の文章を統合的に読み解く力」では、第1章でふれているダブルパッセージについて、その複数の英文の関連性によって4つの型に分類して解説しています。ダブルパッセージを用いたテストは、実践的な英語リーディング場面を念頭においた新しいタイプの問題で、これからますますその重要性が増していくものと考えられます。

　続く「第3章　テスト形式と読み解く力」では、リーディングテストのもう一つの構成要素である質問項目やテストの形式に焦点を当てています。「質問タイプ」では、さまざまな質問をタイプ別に分類し、テストの項目難易度がどのように変わるのか、また、解答にいたるリーディングのプロセスがどう違うのか検討しています。「多肢選択式は偶然性の高い問題？」では、項目難易度を左右する要因を検証し、「解答プロセスの得点化」では、さまざまな方法で、前述の「当て推量」の問題解決を試みています。また、「リーディングテストにおけるテキストの長さと問題数の関係」では、1つの英文あたりの問題数をどのように増やすことができるかについて検討しています。そして、「質問や選択肢のない問題」では、質問項目などに左右されないテストを紹介しています。

「第4章 リーディングテストと他技能の関連」では、「リーディングテストで語彙・文法知識を測る」「リーディングからスピーキングへ」「リーディングからライティングへ」など、リーディングテストの中で測る他技能や、リーディングテストから他技能への発展の可能性を取り上げています。新学習指導要領では「4技能を総合的に育成し、統合的に活用する」ことが求められていますが、実践的なコミュニケーション場面では、「読んだことを誰かに話してみる」など、複数の技能が関連していることが多いので、このような他技能との関連がますます重要になってきます。

「第5章 テスト得点解釈の留意点」は、さらにテストを専門的に検証してみたい方向けに書かれています。「リーディングテスト得点はリーディング力を完全に反映しているわけではない」では、テスト得点が何点離れていれば、本当に差があるのかなど興味深い話題が展開されています。続く「平均点への回帰現象」では、テスト得点が高い人も低い人も、2度目は平均点に近づいていくという現象の「謎」解きをしています。

後半の「英語リーディングテストの作り方」では、教室現場の半歩先を行く実践を紹介することを目指しています。学校現場では、授業の工夫はされていても、意外とテストは金太郎飴でどれも同じかもしれません。最初に発音問題、続いてアクセント問題、最後に読解問題、といったような形式が多いのではないでしょうか。本書では、すばらしい実践というよりは、「発想さえ変えれば誰にとっても手が届くような」教室現場での実践例を紹介することにより、「じゃあ自分もこうしてみよう」という意欲が湧くような構成を目指しました。そのためにも、実践例を羅列せず、その目的や意義を理論的にも解説しました。また、テストという行為の発想自体を変えることを提唱したいと考えました。

「第6章 中学校でのリーディングテスト」では、まず「リーディング力を測る問題形式と発問の具体例」で、選択式、組み合わせ式、ショートアンサー式、プロダクション式などの例を紹介し、「授業とリンクする定期考査のリーディングテスト」では、一度目を通している教科書の英文では真のリーディング力を測定できないという課題を、工夫によってどう解消できるか、具体例を紹介しています。また、「リーディングテストにおける観点別評価」では、ただ観点別にリーディング力を測るだけでなく、そのことによって生徒が「読む楽しさ」を味わえるような例が挙げられていま

す。続く「PISA 読解力の観点を測る英語リーディング問題の試み」では、「実生活でのリーディング力を測定する」という PISA 型の問題をどう教室のテストに応用できるのか検討します。

「第 7 章　高校でのリーディングテスト」では、前章の中学校での実践同様、授業で使っている教科書を用いながら、「初見の英文でなければリーディングのテストとは言えない」という問題をどう実践の場で克服していくかについて解説します。「本文の内容や言語材料の知識（理解）を測るテストの具体例」「教科書本文をそのまま使用するさいの工夫」「サマリーや原典の使用による、テスト問題の具体例」「初見の文章を使用した問題の具体例」「特定のジャンルにおける文章形式・語彙・文法を活用した言語活動と評価の流れ」など、さまざまな実践例を紹介します。このような実践の中で、最も大事なことは、単にテストだけを工夫するのではなく、授業におけるリーディング指導の広がりがあってはじめて、テスト作成の可能性が広がるということです。教科書の英文を表面的に確認しているような授業を行い、しかもテストにおいてもその英文をそのまま出題しているのだとすれば、そのリーディングテストは「暗記」のテスト以外の何ものでもありません。授業の中で、先生が生徒と内容について英語で発展させて話をしたり、関連する英文を読んだりする工夫をすることが、よいリーディングテスト作りへの第一歩と言えます。

「第 8 章　他技能と結びつけたリーディングの評価」では、「ライティングと結びつけたリーディングの評価」「スピーキングと結びつけたリーディングの評価」と、テストを通して、さまざまな英語の技能を育てる可能性を探ることによって、授業の中での指導の広がりを目指します。

「第 9 章　多読や小テスト、音読テストでリーディングの力を測る」では、ただ指示を出しただけでは、なかなかページが進まない生徒も出てくる「多読」の評価について最初に考えます。読み進められるよう生徒を励ましたり、読後の発表活動も充実させることで、読んだ英文の理解を深め、さまざまな技能も伸ばしていきます。「リーディング力向上につなげる小テスト」では、日々の小テストを通して、語彙知識の広さや深さなど、リーディング力の基礎となる力の育成を目指します。また、「リーディングの力を測る音読テスト」では、音読させることで、発音やイントネーションの正確さだけではなく、どのくらいきちんと読めているのか、深く読めてい

るのかなど、内容理解を測る方法について見直します。

　このように、本書は、「誰もが当たり前のように受けてきたテストが実は何を測っていたのか」についてさまざまな角度から切り込むことにより、幅広い読者の方ご自身がテストにまつわるさまざまな問題点に目を向けていただくような内容を目指しました。英語教育の専門書のジャンルにとどまらず、幅広い読者層を念頭に、ふだん簡単に行っているけれど、英語リーディングテストは奥が深く、いろいろと厄介な問題があるということをお伝えし、改めて「英語リーディングテストって、いったいなんなのか」と知的好奇心をかき立てながら読んでいただければ幸いです。

　最後になりましたが、本書を刊行する機会をくださった研究社のみなさまにお礼申し上げます。特に編集の津田正氏には、今回も読み手の立場から多くの示唆をいただきました。この場を借りてお礼を申し上げたいと思います。

2012 年 8 月

卯城　祐司

目　　次

はじめに ────── iii

第1部　英語リーディングテストの考え方

第1章　英語リーディングテストが求める読解力 ───── 3

1. 大規模テストで測定される読解力 ───── 3
   1.1 IELTS ───── 3
   1.2 TOEIC ───── 5
   1.3 英検 ───── 6
2. 学習指導要領と学力テスト ───── 9
3. 入試問題の現状 ───── 15

第2章　テストで使用する文章と読み解く力 ───── 20

1. テキストの難易度の尺度 ───── 20
2. テキスト構造を読み解く力 ───── 25
3. 複数の文章を統合的に読み解く力 ───── 30

第3章　テスト形式と読み解く力 ───── 36

1. 質問タイプ ───── 36
2. 多肢選択式は偶然性の高い問題？ ───── 41
   2.1 テスト形式と測定される能力 ───── 41
   2.2 多肢選択式テストの項目難易度を説明する要因 ───── 42

x 目次

    2.3　項目難易度と質問タイプの関係 ——————————— 43
  3. 解答プロセスの得点化 ————————————————— 44
    3.1　多肢選択式テストの課題 ——————————————— 44
    3.2　当て推量による正解の修正 —————————————— 45
    3.3　不正解の選択肢を解答させる方法 ——————————— 45
    3.4　正解を複数選択させる方法 —————————————— 46
    3.5　自信度を得点化する方法 ——————————————— 47
    3.6　リーディングテストにおける応用 ——————————— 48
  4. リーディングテストにおけるテキストの長さと問題数の関係 — 50
  5. 質問や選択肢のない問題：空所補充問題が測定するもの ——— 53

第4章　リーディングテストと他技能の関連 ……………… 59

  1. リーディングテストで語彙・文法知識を測る ——————— 59
  2. リーディングからスピーキングへ ————————————— 66
  3. リーディングからライティングへ ————————————— 72

第5章　テスト得点解釈の留意点 …………………………… 78

  1. リーディングテスト得点はリーディング力を完全に
    反映しているわけではない ——————————————— 78
  2. 平均点への回帰現象 —————————————————— 82

第2部　英語リーディングテストの作り方

第6章　中学校でのリーディングテスト
　　　　――授業と定期テストをつなげるために ……………… 91

  1. リーディング力を測る問題形式と発問の具体例 ——————— 91
  2. 授業とリンクする定期テストのリーディングテスト ———— 96

3.　リーディングテストにおける観点別評価 ——————— 102
　4.　PISA 読解力の観点を測る英語リーディング問題の試み ——— 107

第7章　高校でのリーディングテスト
——教科書を利用した定期テストの工夫 ……………… 112

　1.　本文の内容や言語材料の知識(理解)を測るテストの具体例 —— 112
　　1.1　語彙や文法などの言語材料の知識、理解を測る
　　　　クローズテスト ————————————————— 113
　　1.2　誤りを指摘し、訂正する問題 ————————— 115
　2.　教科書本文をそのまま使用するさいの工夫 ——————— 116
　　2.1　既読の英文から初見の英文を作り出す問題 ———— 116
　　2.2　消えたパラグラフの内容を復元する問題 ————— 121
　3.　サマリーや原典の使用による、テスト問題の具体例 ——— 123
　　3.1　本文をサマライズした英文を使用する問題 ———— 123
　　3.2　原典をテストで使用する ——————————— 128
　4.　初見の文章を使用したテスト問題の具体例 ——————— 131
　　4.1　初見の文章の作り方 ————————————— 131
　　4.2　具体的な設問例 ——————————————— 134
　5.　特定のジャンルにおける文章形式・語彙・文法を活用した
　　　言語活動と評価の流れ ——————————————— 137
　　5.1　授業実践例 ————————————————— 138
　　5.2　生徒の作品からわかること —————————— 143
　　5.3　評価について ———————————————— 144

第8章　他技能と結びつけたリーディングの評価 ……… 147

　1.　ライティングと結びつけたリーディングの評価 ————— 147
　　1.1　Writing a Letter ———————————————— 147
　　1.2　Poster Making ————————————————— 149

2. スピーキングと結びつけたリーディングの評価 ———— 151
2.1 再話を使ったリーディングの評価 ———— 151
2.2 プレゼンテーションを使ったリーディングの評価 ———— 153
2.3 ディベートを使ったリーディングの評価 ———— 154

第9章　多読や小テスト、音読テストでリーディングの力を測る ———— 157

1. 多読の評価 ———— 157
1.1 ポートフォリオを活用した評価 ———— 158
1.2 テストでの評価 ———— 159
1.3 他技能と合わせた評価 ———— 161
2. リーディング力向上につなげる小テスト ———— 164
2.1 単語の意味(広さ)を問う ———— 165
2.2 単語の用法(深さ)を問う ———— 167
2.3 単語の音と綴りに注目する ———— 169
2.4 日本語と英語の対応を問う ———— 170
3. リーディングの力を測る音読テスト ———— 171
3.1 どのような文構造の理解を音読で測れるか ———— 171
3.2 音読テストの具体例1 ———— 174
3.3 音読テストの具体例2 ———— 175

おわりに ———— 177
参考文献 ———— 179
索　引 ———— 197
編著者・執筆者紹介 ———— 202

英語リーディングテストの考え方

第 1 章

英語リーディングテストが求める読解力

　英語リーディングテストと言っても、その形式やそれぞれのテストが測ろうとしている読解力はさまざまです。それは、場面や状況によって求められる読解力が異なり、また、ある英文を読むにしても、その英文を読む目的次第で読み方も変わるからです。広く用いられているテストの特性を知ることは、普段、教室現場で実施している定期テストや小テストを作成するうえで、いろいろな助けとなります。

　この章では、いくつかの大規模テストで測定される読解力について、その特徴を概観し、どのような側面が他のテストにも応用できるか考えます。さらに、学習指導要領で求められている読解力とそれを測定する学力テストや入試問題について検証します。

1. 大規模テストで測定される読解力

　ここでは IELTS，TOEIC，英検など広く用いられているテストの特徴から、リーディングテストを作成するうえでの示唆をまとめます。

1.1　IELTS（International English Language Testing System）

　IELTS（UCLES, 2010）は、大学や大学院への留学や就職希望者向けのアカデミック・モジュール（Academic Module）と、オーストラリア、カナダ、ニュージーランド、英国への移住希望者向けのジェネラル・トレーニング・モジュール（General Training Module）の 2 つに分かれています。4 技能のうち、リスニングとスピーキングは共通問題で、リーディングとライティングが上記モジュールによって異なります。ケンブリッジ大学やブリティッシュ・カウンシルなどイギリス英語圏の団体によって運営されていますが、

リスニングテストでは、北米、オーストラリア、ニュージーランド、英国などさまざまなネイティブ・スピーカーによるアクセントが使用されており、解答もイギリス英語の綴りでもアメリカ英語の綴りでも許されています。試験結果は 1.0（Non user）から 9.0（Expert user）までの 0.5 刻みのバンドスコアで示されます。

　リーディングは 60 分間に 40 問が課されます。アカデミック・リーディングを例にとると、合計 3 つの長文（全体で 2,150 語から 2,750 語）からなり、書籍、専門誌、雑誌、新聞などから学術的な内容が一般の読み手向けに書かれた文章を取り上げています。これに図形やイラスト、グラフなどが添えられているものもあります。形式は、選択問題、正誤問題、組み合わせ問題、見出し、主題の選択、文章・要約・メモ・表・フローチャート・図表の穴埋め、記述式問題などさまざまで、「文章の要点や趣旨、詳細を把握する力、言外の意味を読み取る力、筆者の意図や姿勢、目的を理解する力、議論の展開についていく力」など幅広い英語の読解力が問われています。

　内容が学術的であっても、専門知識は必要とされず、論理的な議論を扱ったものや、文章全体の大意を問う問題などが出題されます。これだけの長文が出題されるテストとして、他では英検の上位級（1 級・準 1 級）などが挙げられます。

　IELTS で最も特徴的なのは、リスニング、リーディングともに、解答するさいの語数制限があることです。たとえば「2 語以内（NO MORE THAN TWO WORDS）で答える」場合は、"leather coat" は正解となるが "coat made of leather" は不正解となります。解答に使用する単語は、英文中でも用いられていますが、場合によっては、語数制限のために、文章中の単語の形を変えなければなりません。この出題方法により、しっかりと理解していなくとも、問われた情報を目で追って、ただ単に時間や場所などの情報を書き写すということを防ぐことができます。

　もう 1 つの特徴は、選択肢に Not Given が含まれることです。ある問いに対して「英文中には該当する情報がない」、あるいは「上記選択肢はどれも正解でない」などの意味で用いられます。これはかなり難易度が上がる仕掛けです。文章全体の情報を正確に把握していなければ、Not Given の可能性を否定できないからです。

1.2 TOEIC (Test of English for International Communication)

　TOEIC は米国の Educational Testing Service (ETS) によって開発・製作されています。問題はリスニングとリーディングからなり、リーディングは 75 分間に 100 問が課され、すべてマークシート方式の客観テストです。内容は一般的あるいはビジネスでのコミュニケーション場面が採用され、構成は短文穴埋め問題(40 問)、長文穴埋め問題(12 問)、読解問題(48 問)の 3 つのパートに分かれています。短文穴埋め問題と長文穴埋め問題は、不完全な文章を完成するために 4 つの選択肢からふさわしい解答を選ぶもので、最後の読解問題は 7〜10 の文章に対して計 28 問、4 組の文章(ダブルパッセージ)に対して計 20 問が課され、4 つの選択肢から正解を選びます。テスト結果は 5〜495 点のスコアで 5 点刻みに表されます。このスコアは素点(raw score)ではなく、換算点(scaled score)となっています。

　TOEIC は第 122 回公開テスト(2006 年 5 月実施)からリニューアルされました(ETS, 2006)。これは More Authentic (より実際的な)というコンセプトで、より現実に出会う場面に即した設定を目ざし、問題文も長文化し、発音についても IELTS のように、米国・英国・カナダ・オーストラリア・ニュージーランドなどのネイティブ・スピーカーによるバラエティに富んだものを採用しました。また、リーディング・セクションでは、機械的とも考えられる誤文訂正問題(Error Recognition)を廃止しました。

　新 TOEIC で特徴的なのは、最後の読解問題で、2 つの文書を読んで設問に答えるダブルパッセージ(double passage)の問題を追加したことです。たとえば手紙や電子メールのやりとりを読んで、その内容に合う解答を選ぶものなどが挙げられます。これは基本的にはイラストや図表、グラフが添えてある英文読解問題と同じです。実生活では、いくつかの情報を頭の中で統合して理解に至ることが多くあります。たとえば、インターネットでワインの注文をしようとして値段を調べ、別のウィンドウを開いて、そのワインの品質を調べたり、海外旅行の計画を立てるさい、1 つのウィンドウで列車や飛行機の時刻を調べながら、別のウィンドウで各地の観光情報を読んだりすることがあります。また、コンサートの情報を読みながら、手紙文や電子メールのやりとりを踏まえた質問に答えるためには、そのやりとりの流れを的確につかんでいることが必要です。

　一方で、この種の問題作成において難しいのは、ダブルパッセージであ

るからには、ちゃんと両方の英文を読まなければ解くことのできない問題を作成することです。2つの英文があっても、それぞれの問題がどちらか1つの英文情報しか必要としていなければ、同時に2つの英文を提示している意味がありません。イラストや図表、グラフについても似た問題があり、英文の内容と重複している情報を示す視覚情報が多くあります。そうなると、時に、英文を読まなくとも視覚情報を見ることによって正答を得ることができてしまいます。このような課題はあるものの、ウェブサイトなどでは、必ずしも左から右に、また上から下に英文を読んで情報を得るばかりでなく、ウィンドウ上のあちらこちらに視線を飛ばしながら情報を把握する新しいリーディングの形がすでに生まれています。教室場面など、より小規模なテストや授業場面においても活用できる問題形式であると言えるでしょう。

1.3 英検（実用英語技能検定）

英検はこれまで、中学卒業程度を3級、高校レベルを準2級、高校卒業程度を2級などと、広く英語教育の目安として活用されてきました。テストは筆記試験とリスニングからなる1次試験と、英語での面接の2次試験からなっています。筆記試験は1級を例にとると「語い力」「読解力」「作文力」「聴解力」からなっています。読解力は説明文や評論文などを用い、パッセージの空所に文脈に合う適切な語句を補う「長文の語句空所補充(6問)」とパッセージの内容に関する質問に答える「長文の内容一致選択(10問)」から構成され、解答は4肢選択です。一番初級の5級では、会話文の空所に適切な文や語句を補う「会話文の文空所補充(5問)」となっています。

英検の特色としては以下のようなCan-doリスト(STEP, 2006)が挙げられます。延べ20,000人を超える1級から5級の合格者に、テストの直後にアンケート調査を実施し、まとめたものです。下に示した「読む」力に関するCan-doは、合格すれば全員が必ずできるというものではありませんが、合格者が「この項目はできる自信がある」と自己評価した「自信の度合い」です。

Can-do リスト

1級 社会性の高い幅広い分野の文章を理解することができる。
1. 雑誌の社会的、経済的、文化的な記事を理解することができる。(TIME / Newsweek など)
2. 文学作品を理解することができる。(小説など)
3. 資料や年鑑などを読んで、必要な情報を得ることができる。(報告書、統計的な資料など)
4. 留学や海外滞在などの手続きに必要な書類を理解することができる。

準1級 社会性の高い分野の文章を理解することができる。
1. 英文の種類や読む目的に応じて、適切に読みこなすことができる。(新聞をさっと読む、評論文を注意深く読む、小説を楽しみながら読むなど)
2. 英字新聞で社会的な出来事に関する記事を理解することができる。(The Japan Times / The Daily Yomiuri / The New York Times など)
3. まとまった量の英文の要点を理解することができる。(講義や研修での課題図書や資料など)
4. 仕事に関する手紙(Eメール)を理解することができる。(会議日程、取引内容など)
5. 商品の取扱説明書を理解することができる。(電化製品など)

2級 まとまりのある説明文を理解したり、実用的な文章から必要な情報を得ることができる。
1. 一般向けに書かれた説明的な文章を理解することができる。(旅行者向けのガイドブックなど)
2. 実用的な文章(How toもの)を理解することができる。(料理のレシピ、ガーデニングなど)
3. 日本語の注や説明がついた英字新聞で、興味・関心のある話題に関する記事を理解することができる。(週刊ST / Asahi Weekly など)
4. 簡単な内容であれば、まとまった量の英文の要点を理解することができる。(講義や研修での課題図書や資料など)
5. 簡単なチラシやパンフレットを理解することができる。(商品の値段、セールの情報など)
6. 1つのパラグラフ(段落)において、主題文(段落の主題を伝える文)と支持文(主題文を支える例など)の区別をすることができる。

準2級 簡単な説明文を理解したり、図や表から情報を得ることができる。
1. 簡単な説明文を理解することができる。(外国の生活や文化を紹介する教材など)
2. 公共の施設などにあるお知らせや注意事項を理解することができる。(会場使用上の注意など)

　　　　　3. 簡単に描かれた図や表から、必要な情報を得ることができる。(いろいろな調査の結果のグラフなど)
　　　　　4. 時刻表を見て、目的地や到着時刻などの情報を得ることができる。

3級　簡単な物語や身近なことに関する文章を理解することができる。
　　　　　1. 興味・関心のある話題に関する簡単な文章を理解することができる。
　　　　　2. 日常生活の身近な話題についての文章を理解することができる。(スポーツ、音楽など)
　　　　　3. 短くて簡単な物語を理解することができる。(簡単な伝記や童話など)
　　　　　4. 日本語の注や説明がついた簡単な読み物を理解することができる。(学校の課題図書、学習者向けの物語など)
　　　　　5. 簡単に書かれた英語の地図を見て、通りや店、病院などを探すことができる。

4級　簡単な文章や表示・掲示を理解することができる。
　　　　　1. 短い手紙(Eメール)を理解することができる。(家族の紹介、旅行の思い出など)
　　　　　2. イラストや写真のついた簡単な物語を理解することができる。(子供向けの絵本など)
　　　　　3. 日常生活の身近なことを表す文を理解することができる。(例: Ken went to the park and played soccer with his friends.)
　　　　　4. 公共の施設などにある簡単な表示・掲示を理解することができる。(例: No Smoking / Closed / No Dogs)
　　　　　5. 簡単な英語のメニューを理解することができる。(ファーストフード・レストランにあるメニューなど)
　　　　　6. パーティーなどの招待状の内容を理解することができる。(日時、場所など)

5級　アルファベットや符号がわかり、初歩的な語句や文を理解することができる。
　　　　　1. アルファベット(A～Z)を読むことができる。
　　　　　2. アルファベットの大文字・小文字がわかる。(Aとa/Fとfなど)
　　　　　3. ピリオド(.)、疑問符(?)、コンマ(,)、引用符(" ")、感嘆符(!)を理解することができる。
　　　　　4. 日常生活の身近な単語を理解することができる。(例: dog / eat / happy)
　　　　　5. 日常生活の身近なことを表す簡単な文を理解することができる。(例: I play tennis every day.)

　これまでリーディングテストは何を測っているのか、その基準が明確ではありませんでした。英文の総語数が多くとも、その難易度はさまざまで

あり、また、どのようなジャンルの英文をどう読むかによっても、その難易度は上下します。これは英文読解指導においても当てはまります。毎時間の到達目標が定まっていないために、その時間の目標が単に教科書のあるレッスンを終えることであったりします。そのために定期テストは同じ英文を用いざるを得なくなります。ただし、必ずしも評価から入る「逆向き設計（backward design）」の授業が万能ではありません。授業は必ずしも計画通りに進むものではなく、予想外の展開に応じることが授業の醍醐味でもあります。しかし、リーディングテストの作成にあたっては、自分が指導している生徒たちの実態を把握し、また授業を通して教えたリーディングストラテジーなどを駆使させるような問題を作ることができなければ、何を測っているのかわからない「テストのためのテスト」になってしまうことに留意したいものです。

2. 学習指導要領と学力テスト

　本節では、日本の学習指導要領で求められている読解力とは何か、学力テストではどのような項目が用いられているのかについて検討します。

　学校では、さまざまな種類のテストが実施されています。入学試験、クラス分けテスト、学力診断テスト、小テスト、中間・期末テスト、実力テストなど、時には塾や予備校が作成した模擬試験や、英検などの英語熟達度試験が実施されることもあります。テストにとって最も重要なことは、何のために実施するのかという目的を明らかにすることです。学校のテストには、入学者の選抜、学力診断、学習進捗状況のチェックや各学習段階に応じた到達度の把握などといった目的があります。

　本節で扱う学力テストは、学習指導要領の指導内容をどれだけ生徒たちが身につけ、その目標をどの程度達成しているかを調査し、教育の改善に活かすことを目的とするテストであるとします。こうした学力テストは、特定の教科書やシラバスに基づいてはいませんが、日本の学校教育のガイドラインである学習指導要領の内容に基づいているという点で、一種の到達度テストと位置づけることができるでしょう。校内で行われる小規模な学力テストは、範囲のないテストとして実力テストなどと呼ばれることもありますが、一般に学力テストというときには、地方自治体レベルや、全

国レベルで広域に実施される大規模なテストが想定されています。広域で学力テストを実施する利点は、学習指導要領の内容に照らして各学習項目の達成度を知ることにより、各学校や自治体・国における指導や教育の改善に活かしていくことにあると言えます。

ここでは、学習指導要領をもとにして、学力テストの読解問題をいかに作成していけばよいのかについて考えます。テスト開発の本で共通に指摘されていることは、テストの開発は、テスト実施の目的を明確にしたうえで、テスト細目を作成することから始めるということです。テスト細目とは、テストの設計書のようなもので、以下のような要素が含まれます (e.g., Alderson, Clapham, & Wall, 1995; 渡部、2010)。

1. テストの目的
2. 対象受験者
3. 問題数、長さ、問題の区分
4. 測定対象言語能力の想定使用場面
5. テキストの種類
6. 言語技能
7. 言語要素
8. テストタスク
9. 問題数および得点配分
10. テスト方法
11. 受験上の指示
12. 採点基準

テスト細目で、テストの目的(why)や内容(what)、方法(how)を明確にしてからテストを作成することは、より妥当性の高いテストを作成することにつながります。指導のさいにシラバスや授業案を作成するように、テスト作成時には簡単なテスト細目を作成するようにするといいでしょう。学力テストのように影響力が大きなテストの場合は、特にテスト細目を入念に作成することが重要です。

まず、学習指導要領で「読むこと」がどのように扱われているか、生徒たちにどのような読解力を身につけさせたいと意図しているのかを確認してみましょう。それによって「何を」テストするのかが明確になります。

平成20年改訂の中学校の学習指導要領では、外国語科の目標は、「外国語を通じて、言語や文化に対する理解を深め、積極的にコミュニケーションを図ろうとする態度の育成を図り、聞くこと、話すこと、読むこと、書くことなどのコミュニケーション能力の基礎を養う」と設定されています（文部科学省、2008)。具体的な目標として、読むことでは、「英語を読む

ことに慣れ親しみ、初歩的な英語を読んで書き手の意向などを理解できるようにする」とあります。言語活動の指導事項としては、次の5点が挙げられています。

　(ア) 文字や符号を識別し、正しく読むこと。
　(イ) 書かれた内容を考えながら黙読したり、その内容が表現されるように音読すること。
　(ウ) 物語のあらすじや説明文の大切な部分などを正確に読み取ること。
　(エ) 伝言や手紙などの文章から書き手の意向を理解し、適切に応じること。
　(オ) 話の内容や書き手の意見などに対して感想を述べたり賛否やその理由を示したりなどすることができるよう、書かれた内容や考え方などをとらえること。

　中学校の学習指導要領では、「概要をつかむ」「要点を理解する」「正確な情報を得る」「文中の文字を正しく読む」「事実と意見を区別する」といった読解力の育成が求められていると言えます。
　平成21年改訂の高等学校学習指導要領外国語科の目標は、「外国語を通じて、言語や文化に対する理解を深め、積極的にコミュニケーションを図ろうとする態度の育成を図り、情報や考えなどを的確に理解したり適切に伝えたりするコミュニケーション能力を養う」と設定されています（文部科学省、2010）。新科目「コミュニケーション英語」で、4技能の総合的な育成を指導する中で、「読むこと」も扱われることになります。新学習指導要領から、「読むこと」の指導内容に関わる部分を抜粋してみます。

　【コミュニケーション英語Ⅰ】「説明や物語などを読んで、情報や考えなどを理解したり、概要や要点をとらえたりする。また、聞き手に伝わるように音読する」「聞いたり読んだりしたこと、学んだことや経験したことに基づき、情報や考えなどについて、話し合ったり意見の交換をしたりする／簡潔に書く」「内容の要点を示す語句や文、つながりを示す語句などに注意しながら読んだり書いたりする」「事実と意見などを区別して、理解したり伝えたりする」

【コミュニケーション英語Ⅱ】「説明、評論、物語、随筆などについて、速読したり精読したりするなど目的に応じた読み方をする。また、聞き手に伝わるように音読や暗唱を行う」「聞いたり読んだりしたこと、学んだことや経験したことに基づき、情報や考えなどについて、話し合うなどして結論をまとめる／まとまりのある文章を書く」「論点や根拠などを明確にするとともに、文章の構成や図表との関連などを考えながら読んだり書いたりする」「未知の語の意味を推測したり背景となる知識を活用したりしながら聞いたり読んだりする」

　高等学校では、中学校の基礎の上に、「正確に情報を得る」「主題文を理解する」「事実と意見を区別する」「概要や要点をとらえる」「文の中の語の意味や、パラグラフ間の関係を理解する」「主題文と支持文との関係を理解する」「未知語を推測する」「背景知識を活用する」といった読解力が求められていると言えます。さらに、読んで理解した内容を人に伝えたり、まとめたりするといったコミュニケーション活動への発展が指導のポイントとなってきます。

　現行の高等学校学習指導要領(平成11年改訂)では「リーディング」という単独の科目がありましたが、平成21年改訂の学習指導要領ではなくなりました。「リーディング」での指導内容は、「ア　まとまりのある文章を読んで、必要な情報を得たり、概要や要点をまとめたりする」「イ　まとまりのある文章を読んで、書き手の意向などを理解し、それについて自分の考えなどをまとめたり、伝えたりする」「ウ　物語文などを読んで、その感想を話したり、書いたりする」「エ　文章の内容や自分の解釈が聞き手に伝わるように音読する」となっています(文部科学省、1999)。指導上の配慮事項としては「未知の語の意味を推測したり、背景となる知識を活用したりしながら読むこと」「文章の中でポイントとなる語句や文、段落の構成や展開などに注意して読むこと」「目的や状況に応じて、速読や精読など、適切な読み方をすること」が指摘されています。こうした内容は、平成21年改訂の「コミュニケーション英語」にも同様の表現として引き継がれていることがわかります。読むことを単独の活動としてとらえるのではなく、4つの領域に関連した統合的な活動の中で読むことを指導していく、という位置づけが近年いっそう強調されていると言えます。

以上のような学習指導要領で求める読解力は、以下の枠組みでとらえるとよりわかりやすくなります。Urquhart and Weir (1998) は、リーディングの要素、技能を次のように4つに分類しています。

	全体的な読み	局所的な読み
速読	A．スキミング、探し読み	B．スキャニング
精読	C．主題の正確な理解、推測、事実と意見との区別	D．文／節の文法構造の理解、語彙／文法の結束性の理解、文脈での語彙理解

　学習指導要領で求めている読解力は、この分類のいずれかに当てはまりそうです。たとえば、「概要をとらえる」はA,「必要な情報を得る」はB,「未知語の推測」や「論点や根拠を明確にする」はC,「内容の要点を示す語句や文、つながりを示す語句などに注意する」「文字や符号を正しく読む」はDに該当すると考えられます。学力テストの読解問題を作成するさいには、一つの読解技能に偏ることなく、できるだけ多様な技能を測る問題を作成し、バランスをとることが大切と言えます。さらに、読むことと他の領域の活動も含む統合的な問題も、学習指導要領の目標に準じた問題として今後いっそう求められてくるでしょう。

　学習指導要領が求める読解力のイメージがつかめたところで、高校生を対象とした学力テストの読解問題を作成するという場面を想定してみましょう。テスト細目としては、たとえば以下のような内容が考えられます。

1. テストの目的：生徒が、学習指導要領が求める読解力をどの程度身につけたかを評価する。指導や学習の改善に資する情報を得る。
2. 対象受験者：高校3年生。
3. 問題数、長さ、問題の区分：20から30の読解問題、50分程度。
4. 測定対象言語能力の想定使用場面：説明文や物語文を読み、正確な情報を得る、書き手の意図を理解し、自らの意見を述べる／書く。
5. テキストの種類：説明文、評論文、物語文、随筆。
6. 言語技能：スキミング、スキャニング、要点の理解、主題文と支

持文との識別、事実と意見の区別、文章の背後にある意味や情報の推測、文脈に基づく未知語の意味の判断、文中の語と語の関係の理解、文やパラグラフの伝達機能の理解。
7. 言語要素：学習指導要領に示された文法事項、表現、語彙数。
8. テストタスク：適切なタイトルを選ぶ、組み合わせ法、図表の完成、文章中から適切な語句を選ぶ、情報転移、短文解答、空欄補充、出来事や手順に関する記述の時間順による並べ替え。
9. 問題数および得点配分：大問4つ、各大問に5問から10問程度、1問につき2点から5点。
10. テスト方法：正誤問題、多肢選択式問題、単語・語句・短文解答、文章による完成法。

　テスト細目がまとまったら、次はそれに基づいてテスト項目を作成します。実際の学力テストにはどのような読解問題が出題されているのでしょうか。「全国的な学力調査（全国学力・学習状況調査）」（文部科学省）が平成19年度から実施されていますが、英語の調査は検討中でまだ実施されていません（平成24年8月現在）。全国レベルの学力調査で英語の「読むこと」に関して実施されたものには、「教育課程実施状況調査」（国立教育政策研究所）があります。中学校では平成13年度と15年度、高等学校では平成14年度と17年度に実施されました。実際の問題は公表されていませんが、国立教育政策研究所による結果の分析（国立教育政策研究所、2003など）を見ますと、読解問題に関しては4つのタイプがあることがわかります。先ほどの読解の分類表と照らし合わせると、「詳細理解問題」はC,「概要・要点理解問題」はA,「言語使用に関する知識理解問題」はD,「談話構造理解問題」はCにおおよそ対応するように思われます。
　都道府県レベルでも英語学力テストは実施されています。実施主体は教育委員会の場合や、高校教育研究会（高教研）のような教員組織の場合があります。たとえば茨城県の高教研では毎年春に2種類の英語学力テストを長年実施してきました（Saida, 2002）。神奈川県の高教研でも、毎年春と秋の2回、「県下一斉英語学力テスト」という名称で、4種類の英語学力テストを毎回実施してきました（神奈川県高等学校教科研究会英語部会、2009）。神奈川県の平成21年度の春テストでは、英語読解問題は50問中15問出

題されています。読解問題は3つのパートに分かれています。1つ目はパラグラフの中の語を推測する問題、2つ目は図表やメニューなどの英文を読んで、正確に情報を読み取る問題、3つ目はまとまった英文を読んで、概要をつかむ問題、情報を正確に読み取る問題、主題文を理解する問題、文の背後にある情報を推測する問題、などとなっています。複数の読解技能を含めたバランスが取れた内容となっています。こうした教員集団が作成するテストを分析すると統計的にも良問が多いことが実証されています(斉田・柳川、2011など)。テストの目的と細目を再検討し、学習指導要領の変更にも対応した新たな作問形式も取り入れながら、地元の教育の充実と発展のために継続して実施されることが望まれます。

3. 入試問題の現状

本節では、読解力を測定するために、高校入試や大学入試ではどのような方法が用いられているのかを検討します。

まず大学入試から見てみましょう。大学入学志願者は、大学入試センター試験や各大学の個別入学試験を受験します。平成23年度国公立大学個別入学試験では、読解問題が全体の約78%と、読解力の比重が非常に高くなっています(旺文社、2011a)。「空所補充」(25.6%)、「内容一致」(22.6%)、「要約」(19.0%)、「和訳」(14.6%)、「英問英答」(7.9%)、「整序問題」(1.7%)などの方法が用いられています。「空所補充」や「内容一致」「整序問題」は選択式が多く、「要約」や「和訳」「英問英答」は記述式で解答するのが一般的です。

「要約」では、まとまった英文を読んで、与えられた課題について英語または日本語でまとめる形式が普通です。全体の要旨を一定の文字数内で日本語でまとめさせる場合もあります。英文の概要理解力を測る問題と言えます。「和訳」は多くの個別大学入試で出題されています。全訳はほとんど見られず、下線部の内容を日本語で記述する場合が一般的です。下線部の英文を和訳することで、文法や構文の理解、文脈における語彙の意味、内容の理解度を確認しています。「内容一致」では、全文を対象として本文の内容に合致する英文を選ばせたり、本文に合致する場合はT，合致しない場合はFを記入させたりして、概要・要点の理解を測っています。「空所

補充」では、1つの空所に入るべき語句、文、段落などを選んだり、空所に適切な語を入れたりして、言語使用に関する知識理解や談話構造の理解を問うています。下線部の語句と最も意味が近い語句を選ばせたりする問題なども出題されています。

　個別大学入試の場合、1つの大問の英文に対して、下線を引いたり、空所を設けたりして複数の問題を設定し、さまざまな読解力を1つの大問で測ろうとするいわゆる「総合問題」が主流であるという点が特徴として挙げられます。総合問題はテスティング・ポイントが明確でないという理由などから、言語テスト論の観点からは検討が必要とされています（靜、2002；根岸・東京都中学校英語教育研究会、2007など）。

　題材としては、論説文が71.0%と最も多く、次いでエッセイが18.0%となっています。物語や小説は全体の5.5%とあまり多くありません。問題文のトピックは、学部で学ぶ分野に関する内容が出題されている場合が多いようです。全体では、文化(38.0%)、日常生活(31.5%)、自然(10.0%)、社会(9.5%)、科学・技術(7.5%)、産業(3.5%)となっています（旺文社、2011a）。英文の語数に関しては、400語以下が21.5%、401〜600語が35.5%、601語以上が43.0%と、長文が出題される傾向が強いようです。1,000語を超える英文も全体で17件出題されています。目的に応じた読みが求められていると言えます。

　次に、毎年50万人以上が受検をする大学入試センター試験の英語筆記について見てみましょう。大学入試センター試験は、高等学校学習指導要領に準拠しています。大学入学志願者の高等学校段階における基礎的な学習の達成度を判定することを主な目的としており、学校教育に大きな波及効果を及ぼすテストです。多肢選択による客観式問題で、解答はマーク方式です。英語筆記は80分で実施され、例年大問6つの構成で、読解問題は大問3〜6となっています。やはり読解力の比重が高くなっています。過去3年間の実際の問題を、大学入試センター試験のホームページで見ることができます。あわせて試験問題評価委員会報告書（大学入試センター、2011）を読むと、各問題の出題意図と解答結果について知ることができます。以下は各大問で求める読解力の例です。

　第3問は、談話レベルにおける文章の理解力を測定する問題です。そのために3つの方法が用いられています。第3問Aは、英文を読んで、下線

部の語句（熟語、単語）の意味を文章から推測する問題です。平成23年度第3問Aは、問1でget my head around, 問2でcongenialの意味を文章から推測する問題でした。第3問Bは、ディスカッションの英文を読んで、3人の意見を要約する形式の問題で、発言の意図や要点の理解力を測る問題です。第3問Cは、複数のパラグラフからなる文章中の空所に文脈にふさわしい内容の表現を選ぶ問題です。

　第4問は、グラフや表の情報処理の観点から英文を読ませることにより、必要な情報を特定する力を測定する問題です。Aは、文章とグラフを読んで、必要な情報を得るスキャニング力を測定する問題、Bは、広告やフライトスケジュール、病院の問診表などを読んで、必要な情報を的確に探し出す力を測る問題です。正答選択肢と錯乱肢を見分けるのが容易な場合や、内容がわかりやすい場合には正答率が高くなり、直接特定できる表現が本文中に明記されていない場合には正答率が低くなっているようです。

　第5問は、出来事の展開を叙述する文章の理解力を測定する問題です。同じ状況を2名が異なる視点から述べた文章を読んで、物語の状況、展開、概要、要点などを理解する力を測定する問題です。イラストを提示し、受検者の理解を容易にする工夫も見られます。

　第6問は、まとまりのある説明文を読んで、パラグラフごとに概要や要点を理解する力や、文章全体としてのテーマを把握する力などを測定する問題です。論点や論の構造に注意して読み、書き手の意向や行間の意味を理解し、パラグラフの要点をとらえたりすることができるかが問われます。

　このように大学入試センター試験の英語では、大問ごとに測りたい技能を明確にしたうえで作問をし、学習指導要領の目標の達成状況を測ろうとしていることがわかります。

　次に高校入試の英語の読解問題について検討してみます。高校入試には、県単位による公立高校入試と、個別入試を課す国立、公立、私立高校入試とがあります。2011年の公立、国立、私立高校入試において読解問題は52%を占め、高校入試でもやはり読解問題の割合が高くなっています（旺文社、2011b）。問題文はほとんどの入試で対話文が用いられています。交換留学生やホームステイ、ALTとの会話、部活動についてなど、生徒にとって身近な話題が選ばれています。スピーチ原稿もしばしば用いられています。問題文にはグラフや表、図、絵、メモ、広告なども多く見られま

す。出題方法としては、内容についての英問英答や空所補充、内容真偽、文の並べ替えの問題などが多用されています。1つの読解問題の長文の長さは、県によってかなりの差が見られます。国立大学附属高校や独自入試を行っている公立高校や私立高校では、相当な量の長文を読ませる傾向にあります。時間は50分が一般的ですので、速読力が要求されます。ここでも目的に応じた読みが求められていると言えます。以下、読解力をどのような方法で測っているのかを見てみましょう。

「談話構造の理解」を測るためには、対話文が示され、1人の会話の部分が空欄となり、空欄に入る最も適当な語句や文を選択肢から選ぶ問題、会話文を並べ替える問題、パラグラフを順番に並べ替える問題、長文の中に空欄があり、そこに入る最も適当な表現を選ばせる問題などが出題されています。1文を提示し、長文のどの部分に含まれるかを答えさせる問題もあります。「詳細理解」を測るためには、長文の中で、下線を引いた代名詞や語句、表現などが示す内容を日本語で答えさせたり、選択肢の英文から選ばせたりする問題が出題されています。「言語使用に関する知識理解」を測るためには、文脈の中で語彙の意味を推測させたり、空欄に適切な語句を選んだりする問題が出題されています。「概要理解」を測るためには、空欄のある要約文を提示し、空欄に入る適切な語を書かせて要約文を完成させる形式がよく用いられるほか、長文の内容を時系列的に整理し、空欄に入る適切な英文を選ばせたり、あらかじめ用意した英文を時間順に並べ替えをさせたりする方法も使われています。「要点理解」を測るためには、長文の内容に関する問いを読んで、適切な答え（英文や絵やメモなど）を選んだり、英語や日本語で答えたりする問題や、本文の内容に合う、あるいは合わない文や絵などを選ぶ問題などが出題されています。

英文和訳で文章の理解を問う出題形式は、公立高校入試ではほとんど見られませんが、一部の国立大学附属高校や多くの私立高校の入試では出題されています。その場合も全訳ではなく、下線部の英文について、文型や単語の意味、文脈におけるその文の意味が理解できているかを確認するために和訳が求められています。

1つの長文に対して、下線や空欄が多く設けられ、内容理解や文法理解といったさまざまな英語力を測定する問題が含まれるいわゆる「総合問題」も、高校入試で一般的に見られます。50分程度の試験時間の中で、限られ

た問題数で効率よくさまざまな英語力を測定したいという意図はわかりますが、どのような読解力を測りたいかを明確にしてから、それに応じた問題を作成するというテスト作成の手順に従うことが、より妥当性の高いテストの作成につながります。

　長文を読んでから、その長文に対する感想や意見を英語で書いたり、Eメールや手紙で返信をしたりといった、リーディングからライティングに発展させる問題が一部の高校入試で出題されています。その長文の内容をもとにして別のタスクを完成させる「情報転移(インフォメーション・トランスファー)」(Alderson, 2000; Hughes, 2003 など)の方法も、もっと活用できるでしょう。学習指導要領で指導が求められる「話の内容や書き手の意見などに対して感想を述べたり賛否やその理由を示したりなどすることができるようになる」ことに対応した技能統合型の問題が、今後もっと増えていくことが予想されます。

第 2 章

テストで使用する文章と読み解く力

　リーディングテストを作成するさい、生徒のリーディング力を適切に測るためには、適切な難易度の英文を使用する必要があります。では、テストで使用する英文の難易度はどのような尺度で測ればよいのでしょうか。また、高校入試や大学入試で使用されている英文と、授業やテストで扱う英文の難易度を客観的に比較することは可能なのでしょうか。
　また、一般的にリーディングといっても、生徒が読む英文には論説文や物語文などのジャンルがあり、また、同じ論説文であっても使用される文章構造が異なる場合があります。もし、ジャンルや文章構造によって必要とされるリーディング力が異なるのであれば、測定したい能力に応じて英文のタイプも使い分けていく必要があるでしょうし、授業でさまざまなジャンルや文章構造を持つ英文を扱うことで、総合的なリーディング力をつける必要があるでしょう。
　この章ではリーダビリティとテキストの難易度との関わりや、英文のジャンルや構造の違いによる読み方の違いについて述べるとともに、複数のテキストを読み解く力を測るテストについても取り上げることで、英文の難易度の尺度と、さまざまな文章タイプとそれを読み解く力について検証します。

1. テキストの難易度の尺度

　リーディングテストを作成するさい、本文に使うテキストをどのように選んでいますか。生徒の興味やレベル、トピック、長さなどが観点として考えられますが、それ以外に、文章の読みやすさを示す「リーダビリティ」と呼ばれる指標を使っているでしょうか。本節では、リーダビリティと、

それがテキスト難易度とどのように関わるかについて考えていきます。

リーダビリティとは、「文章がどれほど容易に読めたり理解されたりしうるかを客観的に数量化するもの」(中川、2011, p. 232)です。今までに多くの公式が提案されてきました(リーダビリティ研究の歴史については、[清川、2000]が参考になります)。その中で、比較的よく目にする、Flesch の公式(Flesch Reading Ease), Flesch-Kincaid の公式(Flesch-Kincaid Grade Level), Dale-Chall の公式(Dale-Chall Readability Formula)という 3 つの公式を見てみましょう。前者 2 つは Microsoft Word で算出できることからよく知られています。

この 3 公式でのリーダビリティは、語彙の難易度と構文の複雑さによって計算されます。語彙の難易度は「語の長さ」または「難語数」で算出され、構文の複雑さは、文が長ければ読解時の処理の負荷が高まり読解が難しくなることから、「文の長さ」で表されます(氏木、2010)。縮約形(例: isn't)やハイフンでつながれた語(例: mind-boggling)は 1 語と数えます。

Flesch Reading Ease = 206.835 − (0.846 × 語の長さ) − (1.015 × 文の長さ)　　　　　　　　　　　　　　　　　　(Flesch, 1948)
　語の長さ = 100 語あたりの音節数 = 総音節数 ÷ 総語数 × 100
　文の長さ = 1 文あたりの平均語数 = 総語数 ÷ 総文数
　数値が大きいと読みやすさが高い。
　解釈: 0〜30(非常に難しい)、30〜50(難しい)、50〜60(やや難しい)、60〜70(標準的)、70〜80(やややさしい)、80〜90(やさしい)、90〜100(非常にやさしい)

Flesch-Kincaid Grade Level = − 15.59 + (11.8 × 語の長さ) + (0.39 × 文の長さ)　　　(Kincaid, Fishburne, Rogers, & Chissom, 1975)
　語の長さ = 1 語あたりの音節数 = 総音節数 ÷ 総語数
　文の長さ = 1 文あたりの平均語数 = 総語数 ÷ 総文数
　数値が小さいと読みやすさが高い。英語母語話者の何学年向けのテキストに相当するかという、アメリカの学年レベルで表される。

Dale-Chall Readability Formula: Dale-Chall のクローズ公式から換

算

Dale-Chall のクローズ公式 = 64 − (0.95 × 難語数) − (0.69 × 文の長さ)
(Chall & Dale, 1995)
難語数 = 100 語あたりの Dale リストに掲載がない語の数
文の長さ = 1 文あたりの平均語数 = 総語数 ÷ 総文数(タイトルも 1 文扱いとする)
Dale リストと換算表は Chall and Dale(1995)に掲載あり。
公式では、数値が大きいと読みやすさが高いと解釈。その値が表で換算され、Dale-Chall Readability Formula では、数値が小さいと読みやすさが高いと解釈。アメリカの学年レベルで表される。

リーダビリティを測るさいには、通常調べたいテキスト全体を使います。しかし、本などテキストが長い場合には、Chall and Dale(1995)は以下の方法を提案しています。

テキストの中から、100 語のサンプルを抽出する。タイトルも範囲にあれば含める。150 ページ以上の場合、初めのほうから 1 サンプルをとり、50 ページごとに最後までとる。5～149 ページの場合、初め・中間・終わり付近から 1～2 サンプルずつをとる。4 ページ以下の場合、初めと終わりのほうから 1 サンプルずつをとる。100 語未満のテキストの場合には、テキスト中の語数を 100 語あたりの数に換算する。

複数のリーダビリティ公式の中でどれがよいかについて清川(2000)は、指導時の教材選択など実用面では利用しやすい公式を使い、研究目的では、より妥当な結果が出る Dale-Chall の公式を使用するよう勧めています。しかし研究においても Dale-Chall 公式はあまり普及していません。

では、リーダビリティとテキストの難易度はどのように関わっているのでしょうか。上で見たように、リーダビリティは語彙の難易度と構文の複雑さに基づき計算されます。しかし一般に言う読みやすさには、語・文・テキストの抽象度、段落構成といったテキスト内の要因や、トピックへの慣れ、背景知識の有無などの読み手の要因が含まれます(例: 清川、2000; 氏木、2010; 中川、2011)。リーダビリティの計算ではこれらは考慮され

ておらず、リーダビリティは役立つものの、大雑把な尺度と言えます(Nuttall, 2005)。このようにリーダビリティの正確さには限界があることを念頭に置きながら、テキスト難易度との関係を見ていきます。

テキストのリーダビリティは、中学校や高校の英語教科書や大学入試問題などで分析されています。表 2.1 に、主な先行研究をまとめました。

表 2.1　英語教科書と大学入試問題におけるリーダビリティ(学年レベル)

	研究 1		研究 2	
教科書				
中 1	2.0	Kitao & Tanaka (2009)	3.5	中條・長谷川 (2004)
中 2	3.1		4.3	
中 3	3.5		4.9	
英語 I	5.4〜6.8	Takeda, Choi, Mochizuki, & Watanabe (2006)	6.6	
英語 II	6.0	Kimura & Visgatis (1996)	6.2	
英語リーディング	8.1	Underwood (2010)	8.7	
大学入試				
センター試験 (第 6 問のみ)	1990〜1997 年: 3.7〜8.7	Ushiro (2007)	1993〜2002 年: 3.7〜8.4	中條・長谷川 (2010)
	2004〜2006 年: 5.0〜6.3		2008〜2009 年: 11.9	Underwood (2010)
センター試験 (読解問題全体)	1993〜1994 年: 7.7〜9.3	Brown &Yamashita (1995)	2004 年: 8.8	Kikuchi (2006)
国公立大学 2 次試験	1993〜1994 年: 9.1〜10.1		2004 年: 11.0	
私立大学入学試験	1993〜1994 年: 9.4〜9.8		2004 年: 9.6	

注)　中條・長谷川(2004)は Flesch-Kincaid の公式、FORCAST の公式、Fry Graph の公式の平均値を使用。それ以外はすべて Flesch-Kincaid の公式の値を使用。

表2.1を見ると、研究ごとに多少の値の違いはあるものの、中学校の英語教科書はアメリカの小学2～4年生程度の読みやすさで、高校の英語教科書は小学5年～中学2年生程度の読みやすさという結果でした。使用学年が上がるにつれて、テキストの難易度が高まる傾向が読み取れます。

　大学入試問題でのリーダビリティについては、大学入試センター試験(以降、センター試験)の第6問の傾向を見ると、年度によってばらつきはあるものの、傾向が近年変化していることに気づくのではないでしょうか。2006年までは、最高でアメリカの中学2年生レベルでしたが、2008～2009年では平均が高校2年生レベルと難易度が高くなっています。また、第6問のみと読解問題全体の結果の比較では、読解問題全体の難易度が高めに出ていることにも気づくでしょう。センター試験より、私立大学入試のほうがやや高く、国公立大学2次試験のほうがさらに高いことも読みとれます。高校の英語リーディングの教科書と大学入試全般のリーダビリティを比較すると、大学入試全般の数値のほうが高いことが多く、リーダビリティの観点から、大学入試対策には、教科書よりも難しいテキストを読む訓練が必要だということもわかります。

　これらの結果は、みなさんの経験や感覚と一致していたでしょうか。リーダビリティは、語彙の難易度と構文の複雑さというテキストの表面上の値で算出され、一般に感じる「読みやすさ」の一部しか測っていませんが、大雑把にテキストの読みやすさや難易度をとらえ、傾向をとらえていくためには役立つ指標であると考えられます。

　リーダビリティの有用性を高め、その大雑把な傾向をより精密にとらえていく試みもなされています。一つは、語彙の難易度と構文の複雑さ以外の要素を加え、リーダビリティ公式を改良したり新規作成したりするものです(例: Greenfield, 2004; 福井・小篠、2009)。第二に、既存の公式を複数用いる方法です。たとえば、表2.1に挙げたほとんどの研究ではFlesch-Kincaidの公式の結果を報告していますが、中條・長谷川(2004)では例外的に、Flesch-Kincaidの公式に加えて2つの公式(FORCASTとFry Graph)を用い、3公式の平均値を報告しています。公式ごとに測るものが多少異なりますが、この方法をとることで、個々の公式の良さを反映しつつ、測るものの違いから生まれる誤差を減らすことができると考えられます。

2. テキスト構造を読み解く力

　ここまで、テストに用いる英文の難易度を調べる方法を紹介してきました。しかし、リーダビリティが同じであっても、英文のジャンルや文章構造などによって読みのプロセスには違いがあるのではないでしょうか。本節では、英文のタイプによってリーディングテストの性質がどのように異なるのかを考えます。

　まずは、実際のテストでどのような英文が用いられているかを見てみましょう。2010年度(第3回)の英検2級と3級のリーディング問題を表2.2にまとめました(日本英語検定協会、2010bに基づき筆者が作表)。

表2.2　英検のリーディング問題で使われた英文

3級			
問	英文のテーマ	読み取る内容	項目数
4A	イベント告知の掲示	イベントの内容や時間	2問
4B	パーティの招待メール	パーティの日時や内容	3問
4C	防寒用耳あての発明(①)	登場人物の目的や出来事	5問

2級			
問	英文のテーマ	読み取る内容	項目数
3A	工業都市の農業化(②)	文脈内の語句補充	4問
3B	飲食店での記憶実験(②)	文脈内の語句補充	4問
4A	企業への依頼メール	書き手の目的や依頼内容	3問
4B	猫のDNAで犯罪捜査(②)	用語の説明や主張の理由	4問
4C	戦時の巨大航空機開発(①)	行動の目的・理由や出来事	5問

　3級では、特定の目的をもった登場人物の行動や出来事が描写されるタイプの文章(①)が出題されています。それに対し、2級では科学的な事柄などを説明する文章(②)も用いられています。それぞれ、①は物語文の特徴、②は論説文の特徴をもった英文のジャンルであると言えます。第1章1節で紹介したCan-doリストを見てみると、このような文章のジャンルを観点として合格者の読解力が説明されていることがわかります。さらに、

言及されている文章のジャンルは級ごとに段階的に異なっているようです。それでは、英語の力を全般的に測定する目的のテストであるにもかかわらず、級によってさまざまなジャンルの英文が出題されるのはなぜでしょうか。

この謎を解くために、まずは英文のジャンルについて考えてみましょう。すぐれた読み手は、ジャンルに関する知識を活用しながら読むことができるとされています(Alderson, 2000)。たとえば、物語文の構造について熟知していて、英文中のどの箇所にどのような情報が書いてあるかの見通しがついている学習者であれば、英文の中から必要な情報を見つけることは容易でしょう。文章のジャンルにはさまざまな区別がありますが、本書では、説明をわかりやすくするために物語文と論説文という一般的な大別に従うことにします。

まず、多くの物語文には「場面設定」「登場人物の目標」「問題とその解決」などの記述が含まれることが知られています。このような物語構造の共通性をいくつかの規則によって説明する考え方は、物語文法と呼ばれます(Thorndyke, 1977)。文章のジャンルとリーディングとの関係に注目したSadoski, Goetz, and Rodoriguez (2000)は、4種類の英文の理解度を比較する実験を行いました。用いた文章には、物語文(物語文法に従った「文学型」と物語文法に従わない「事実型」)と論説文(「説得型」と「説明型」)があり、それぞれについて具体的な情報を記述したタイプと抽象的な書き方をしたタイプが用意されました。読解後に筆記再生テスト(読んだ内容を思い出して書く課題)を行ったところ、図2.1のような結果になりました。どのジャンルでも、テキストが抽象的な場合は得点が下がっていますが、

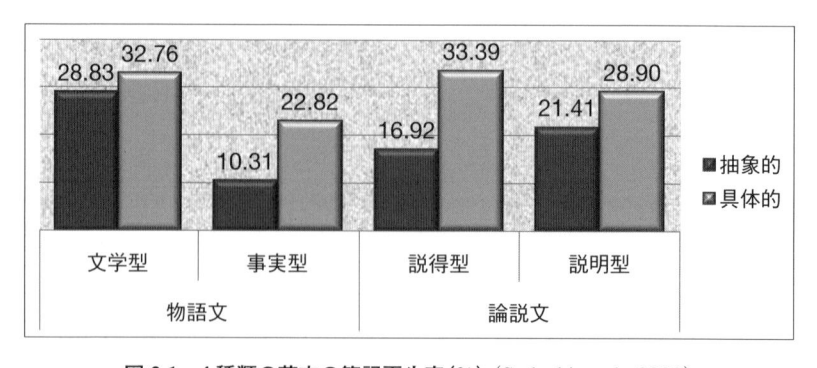

図2.1　4種類の英文の筆記再生率(%)(Sadoski et al., 2000)

「文学型」だけは抽象的なタイプでもある程度の理解が保たれました。つまり、物語文法に従って書かれた文章では、英文構造に関する知識（形式スキーマ）を使うことで内容の曖昧さを補いながら読解できたことを示しています。

次に、論説文について考えてみましょう。興味深いことに、同じ論説文というジャンルであっても、英文構造のタイプによってテストの得点は変化することがわかっています。Carrell（1984）は、ある論説文を表2.3のような4つの構造に合わせて書き換え、さまざまな国の英語学習者に読ませる実験を行いました。英文の理解度を筆記再生テストによって測定した結果、情報間の結びつきが弱い「記述の集合型」がそれ以外と比べて点数が

表2.3　4つの文章構造の型（Carrell, 1984）

記述の集合型 Collection of Descriptions	Our 25th high school reunion was held last year. We saw many old friends, danced until dawn, and agreed to meet again in five years.	トピック（25th high school reunion） 記述①（Saw old friends） 記述②（Danced untill dawn） 記述③（Agreed to meet again）
因果型 Causation	Sally wasn't eating well, exercising, or resting enough. As a result, she felt weak and run-down and never wanted to do anything.	トピック（Sally's health） 原因（Sally not eat well,…） 結果（Sally feel weak…）
問題解決型 Problem / Solution	Pollution is a problem; polluted rivers are health hazards and eyesores. One solution is to bar the dumping of industrial wastes.	トピック（Pollution） 問題（Pollution is a problem…） 解決（Bar dumping of wastes）
対比型 Comparison	Despite evidence that smoking is harmful, many people claim this is not so. Although smoking has been related to lung and heart disease, for some people smoking may relieve tension.	トピック（Smoking） ある視点（Smoking harmful） 対立する視点（Smoking may relieve tension）

低くなることがわかりました。さらに、Kobayashi(2002b)によれば、このような英文構造のタイプはテスト形式とも密接に関わっています。日本人を対象にした実験の結果、穴埋め形式のテストでは情報の羅列に近いような英文の得点が高くなり、要約形式のテストでは「問題解決型」の英文の得点が高くなりました。つまり、情報が整理されていない場合は一文一文の情報を理解する読み方、情報が構造化された場合は文章全体の大意をつかむ読み方というように、英文構造によって読みの質が異なることが示唆されました。

　ここまで見てきたことから、物語文と論説文について次の2点がわかりました。第一に、英文のジャンルによって読解に求められる知識や能力が異なるということです。とくに、物語文法や論説文の型といった文章構造に関する背景知識が、リーディングに役立つ場合があります。第二に、論説文のなかにもさまざまな型があったように、英文を物語文と論説文に分類するだけではリーディングの性質を十分に説明できないということもわかりました。たしかに、論説文は物語文よりも読解が難しいという研究報告は多くあります(Alderson, 2000)。しかし、論説文が難しいのは英文に含まれる情報どうしの結びつき方が複雑であるからだとも言われています。一般に、物語文でも論説文でも「原因となる出来事」と「その結果として生じた出来事」の関係がどれくらい推論しやすいかが読解の難しさに影響を与えるとされます。たとえば、① "Mark poured the bucket of water on the bonfire. The bonfire went out." という英文よりも、② "Mark placed the bucket of water by the bonfire. The bonfire went out." という英文のほうが読みづらいのではないでしょうか(Singer et al., 1992)。このことから、英文のジャンルに加えて、このような文章構造の一貫性という要因がリーディングに影響を与えることがわかります。

　英文の一貫性を調べる方法のひとつに、因果ネットワーク分析という手法があります。Trabasso and Sperry(1985)は、英文を statement と呼ばれる単位に分割したうえで、その単位どうしの因果関係を因果ネットワークによって分析しました。因果ネットワークの中で主要な連鎖上に配列された情報は、読み手が重要な情報と判断する情報と一致すると言います。図2.2は彼らの研究で用いられた物語文の因果ネットワークを示しています。

　ただし、因果ネットワーク分析には、「文章中のどのタイミングで出来事

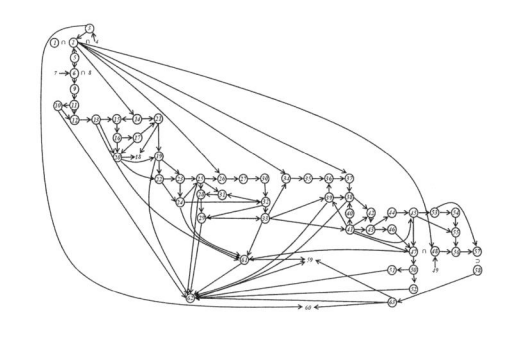

図2.2 因果ネットワーク (Trabasso & Sperry, 1985 を一部修正)

が記述されるか」については考慮することができないという弱点もあります。Ushiro et al.(2011) の研究では、出来事が述べられる順序を入れ替えて2種類の物語文を作成しましたが、両者はまったく同一の因果ネットワークをもっていました。しかし、実験の結果、出来事がフラッシュバックするようなテキストでは、読み手は出来事どうしの関連性や英文中のさまざまな情報を誤解することがわかりました。このことから、英文に含まれる因果関係が同じであっても、英文中のどの位置でどの情報が述べられるかが重要であることがうかがえます。なお、英文のパラグラフ構造やトピックセンテンスの典型的な配置については、『英語リーディングの科学』第2章を参照してください。

　さて、以上のことを踏まえると、リーディングテストの作成において英文の題材はどのように選定するのがよいのでしょうか。Alderson(2000)は、テストに用いる英文を選ぶための次のような3つのステップを提唱しています。

> ステップ①：　受験者が読むであろうテキストを選ぶ
> ステップ②：　読み手がそのテキストをどのように読むか、あるいは読んだ後でどのような行動をするかを考える
> ステップ③：　その行動に合致したテスト形式を選ぶ

　たとえば、中学生を対象として「推論を伴うリーディングの力」をテストしたい場合を考えます。ステップ①については、受験者が中学生である場合、あまり高度な科学的文章を英語で読むということは考えにくいかもしれません。それよりも、海外の中学生とメールをやりとりしたり、簡単な物語文を読んだりすることを想定したほうがより現実的でしょう。たし

かに、表2.2を見直してみると、英検3級のリーディング問題ではそのような題材が用いられています。また、ステップ②に関して、物語文の読解に特徴的な推論のタイプは予期的推論（先の展開を予想する推論）であると言われています（Horiba, 2000）。受験者たちが先の展開を予測しながら物語を読むとすれば、テストでもそのような推論ができるかどうかを問うことが妥当かもしれません。そして、テストの方向性が固まったところで、ステップ③でテストの形式を選択します。テスト形式の選び方については、本書の第3章を参照してください。

本節の冒頭では、「なぜテストではさまざまなジャンルの英文が出題されるのか」という謎を取り上げました。そして、この謎に迫る中で、リーディング問題では内容だけではなく「テキスト構造を読み解く力」が求められることがわかりました。英文のジャンルや文章中に含まれる因果関係などによって読解に求められる能力が異なるならば、測定したい能力に応じて英文のタイプも使い分けていく必要があるでしょう。全般的な読解力を測定するためには、バランスよく英文を出題することが有効であると思われます。一方、推論などの特定の能力を測定したい場合や授業の理解度をテストしたい場合では、英文選びのポイントも大きく変わりそうです。

3. 複数の文章を統合的に読み解く力

インターネットの普及により、私たちは簡単に多種多様な情報を得ることができるようになりました。しかし、それと同時に、情報を適切に取捨選択することが求められています。このような状況を背景として、読み手が複数のテキスト（multiple texts）を読み解くプロセスを明らかにしようという試みが進んでいます（Britt, Perfetti, Sandak, & Rouet, 1999; Kim & Millis, 2006）。

複数テキストには、大きく分けて、相補的テキスト（complementary texts）と論争型テキスト（argumentative texts, controversial texts）があります。相補的テキストは、トピックやキーワードは共有しますが、異なる視点から論じられています（大河内・深谷、2007, p. 576）。この場合、前に読んだテキストに基づきながら次のテキストを読むことができるので、新たなテキストを読むさいにはすでに読み手の中にある理解を補う形で情報が更新

されます(Perfetti, Rouet, & Britt, 1999, pp. 101–102)。10 年ほど前に話題となった恋愛小説『冷静と情熱のあいだ』はまさにこの相補的テキストの代表例と言えます。この小説では、同じ時間軸で起こる出来事を主人公の女性の視点で江國香織氏が、主人公の男性の視点で辻仁成氏がつづっており、イタリア語で「赤」を意味する Rosso(江國、2001)と「青」を意味する Blu(辻、2001)の 2 冊を読んで初めて物語が完結します。[1] 一般的には、はじめに Rosso を読み、その後、Blu を読むことが薦められていますが、2 冊を各章ごとに読み比べることで、より小説の内容を深く理解できるとも言われています。

一方、論争型テキストは歴史や政治、社会的・科学的問題などに関して、相互に異なる事実や見解を述べたものです(小林、2009, p. 139)。小林(2009)では「日本の公立小学校に教科として英語教育を導入すること」の是非と言語教育への提言として、中嶋嶺雄氏と大津由紀雄氏の論評(2004 年『朝日新聞』掲載)を扱っています。

このように、相補的であれ、論争型であれ、私たちは複数テキストに日常的に出会い、それを統合的に理解しています。そして、グローバル化が進んだ現代においては、日本語で発信された情報にとどまらず、世界中からさまざまな言語で発信された情報を得ることが可能です。そのため、複数テキストを扱う場合には「情報源、出典(source)」の重要性が指摘されており、ある情報がどこから得られた情報なのかを必要に応じて識別し吟味する必要があります。

実際に、複数テキスト読解モデルでは、読み手の理解に情報源がどのように関わっているのかという点から議論されており、Britt et al.(1999)によって、図 2.3 に示したような 4 つのモデルが提案されています。

 (1) 個別表象モデル(Separate representation model)
 (2) マッシュ・モデル(Mush model)
 (3) 全索引モデル(Tag-all model)
 (4) ドキュメント・モデル(Documents' model)

---

[1] もともとは 2 名の作家が月刊誌に交互に連載する形で発表されています。

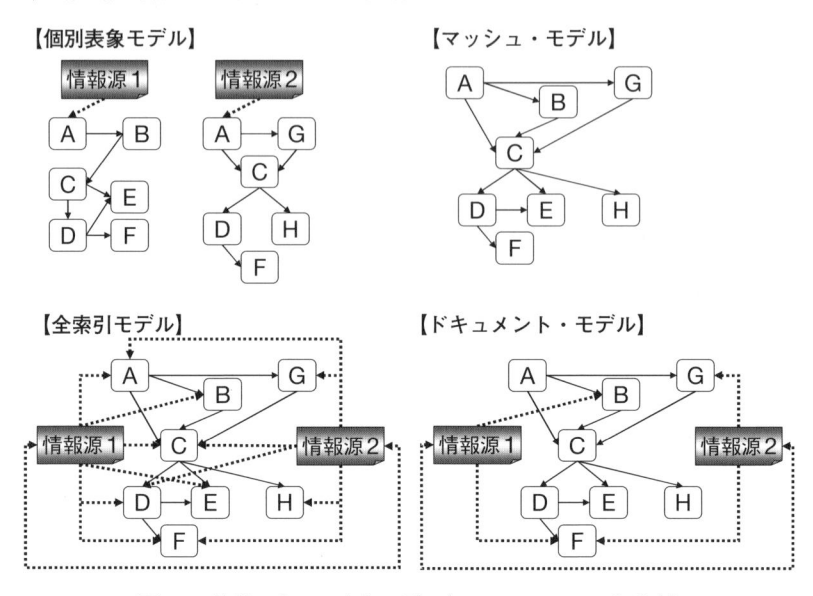

32　第1部　英語リーディングテストの考え方

図2.3　複数テキスト表象モデル（Britt et al., 1999 を改変）

図内の矢印（──→）はテキストの情報間の因果関係を示し、破線で描かれた矢印（┄┄▶）はテキスト情報と情報源の関係性を示しています。

　まず、個別表象モデルでは、読み手は各テキストを独立して理解することを仮定しています。そのため、テキスト間の情報の結びつきはありません。2つのテキストを読むさいの時間的間隔が極端に離れている場合などには、2つ目のテキストを読んださいに、最初に読んだテキストのことが思い出せず、2つのテキストが独立して理解され、関係性を作れないことがあります。

　次に、マッシュ・モデルでは個別表象モデルとは対照的な性質が仮定されています。つまり、複数テキストから学習した情報はすべて1つの理解として統合されるので、情報源が理解に反映されていません。これは、情報源が曖昧な場合や読みの時間的間隔が短い場合、またテキストの内容が類似している場合などに起こるとされています。

　情報源の理解に関して、マッシュ・モデルと正反対の特徴を持つのが全索引モデルです。このモデルでは、個々の情報がどの情報源に含まれていたものなのかということがすべて理解に組み込まれていることを仮定して

います。また、全索引モデルでは、情報源間の関係性(たとえば、情報源1は「賛成」の立場をとるが、情報源2では「反対」の立場をとるなど)も理解に統合されるとしています。

最後に、ドキュメント・モデルではすべての情報が情報源と結びついているわけではなく、テキストを理解するうえで重要となる情報(core events)とのみ結びついていることを仮定しています。マッシュ・モデルではすべての情報が情報源と関連づけられるため、読み手に非常に負荷の高い処理を要求しますが、[2] ドキュメント・モデルでは重要な情報に限られているため、処理が比較的容易であると考えられます。

さて、一般的に広く使用されている英文読解力測定テストにおいて、複数の文章を読解することを受験者に求めている(以後、複数テキスト形式と呼びます)テストにはどのようなものがあるのでしょうか。真っ先に頭に浮かぶのは TOEIC Part 7 の中で出題されているダブルパッセージ(double passage)問題でしょう。この他にも、英検(3級)や英語運用能力評価協会(ELPA)の ACE(Assessment of Communicative English)テストなどでも過去に複数テキスト形式が使用されています。しかし、複数テキスト形式が採用されていたとしても、その後の設問において複数の文章の情報を統合しなければ解けない問題が出題されているのでしょうか。ここでは、清水(2010)で報告したデータを一部抜粋して複数テキスト形式で出題されている問題タイプについて紹介したいと思います。

複数テキスト形式で想定される問題には、(1) 1つのテキストに含まれる情報のみで解ける問題(単一テキスト問題)、(2) 2つのテキスト情報を統合する必要のある問題(統合問題)、(3) どちらのテキストにも同じ答えが含まれている問題(重複問題)があります。また、この3タイプに分類できない(4) その他の問題として語彙問題などが挙げられます。

表 2.4 は複数テキスト形式が確認された3つのテスト[3](英検、TOEIC, ACE)の問題をこの4タイプに分類し、その割合を示したものです。表 2.4

---

2) このため、テキスト情報やその情報源について十分な知識を持っている必要があります。

3) TOEIC 公式問題集(vol. 1–3)より24題(120問)、英検2006年第1回から2009年第1回の3年分の過去問より6題(18問)、ACE より8題(16問)を対象としました。

表 2.4　複数テキスト形式で出題されている問題の分類

	項目数	単一テキスト	統合	重複	その他
TOEIC	120	82 (68.33%)	25 (20.83%)	4 (3.33%)	9 (7.50%)
英検	18	14 (77.77%)	0	4 (22.22%)	0
ACE	16	3 (18.75%)	11 (68.75%)	2 (12.50%)	0

に示したように、TOEICでは統合問題が5問に1問の割合で出題されているのに対し、英検では統合問題が出題されずに、単一テキスト問題や重複問題が出題されていることがわかります。[4] 反対に、ACEではそのような問題の出題は少なく、約70%がテキスト間の統合を必要とする問題でした。このように、複数テキスト形式をテスト内で採用していたとしても、テキスト間の情報統合を必要とする問題の出題率は0〜70%とテストに応じてかなりの幅があることがわかります。

　清水（2010）では大学生146名（分析対象者122名）を対象に単一テキスト問題と統合問題の正答率を比較しましたが、統合問題は必ずしも単一テキスト問題よりも正答率が低いとはかぎりませんでした。もちろん、問題の性質、たとえば字義的質問（テキスト中に明示的に答えが記述されているもの）か、推論質問（テキストに基づいて暗示的に導くもの）かによっても問題の難易度は左右されるので、このような条件を統制した場合には異なる結果が得られるでしょう。

　残念ながら、英語学習者を対象とした複数テキスト読解の研究は現在のところほとんど行われていません。そのため、英語リーディングテストで出題されている複数テキスト形式の問題が学習者のどのような能力を測定しているのかは、今後、さらに検証を進めていく必要があります。しかし、清水（2010）では習熟度の高い学習者ほど統合問題の正答率が高い傾向が見

---

[4]　英検3級で想定されている英語力を考えると、高次の読解技能であるテキスト間情報統合能力を測定する問題があえて出題されていないとも考えられます。なお、英検では3級のみに複数テキスト形式が採用されていました。

られており、習熟度の高い学習者ほど複数のテキストを統合的に理解しようとしていることがうかがえます。複数テキスト読解のプロセスを明らかにすることで、将来、学習者のより高次レベルの英文読解スキルをテストで測定することができるようになるかもしれません。

第3章
▼
テスト形式と読み解く力

　リーディングテストは、その形式や質問項目、錯乱肢を含む選択肢などの要因によって、測定する能力が変わります。質問項目については、そのタイプによって、英文の表面的な情報を確認するものもあれば、行間を問うようなものもあります。テスト作成者はそれぞれの質問タイプの特質を把握し、そのうえで目的に応じてバランスのよいテストを作成することが求められます。

　この章では、テスト形式を変えることにより、どのような読解力を測ることができるのか、それぞれのテストの特徴を考えます。また、英文の長さに応じて、どのくらいの数の問題を作成すべきなのかなど、テストを作成したことがある人にとっては誰でも思い当たる問題点を検証します。

1. 質問タイプ

　リーディングテストを作成するさいに問題となるのが「どのような内容の質問を作成するか」ということでしょう。質問には複数のタイプがあり、学習者のレベルやテキストの内容に応じて質問タイプを使い分けることができます。リーディングテストではどのようなタイプの質問を作成することができるのでしょうか、また各質問タイプは読み手のどのような能力を測っているのでしょうか。

　ここでは、リーディングテストにおける「本文の内容を問う質問」として用いられる質問タイプを見ていきます。本文の内容を問う質問と言っても、単にテキストに明示的に述べられている情報について問うだけでは作成できる質問項目は限られてしまいます。たとえば清水 (2005) は英検、TOEFL、大学入試センター試験の問題を分析し、リーディングテストで用

いられる質問を大きく次の6つのタイプに分類しています。

表3.1　リーディングテストにおける6つの質問タイプ（清水、2005）

パラフレーズ質問	文章中の局所的なある一部分を言い換えると、質問とそれに対する正解が得られる質問。明示情報に関する質問。
推論質問[1]	文章に基づいて適切に推論されることについて問う質問。
テーマ質問	パラグラフまたは文章全体の主題について問う質問。
指示質問	代名詞または指示表現の先行詞の理解について問う質問。
語彙問題	語彙の意味について問う質問。
文章構造質問	比較・対照や時間順など文章構造について問う質問やある内容が文章中のどの部分で述べられていたかを問う質問。

　上記の質問の分類を見てもわかるように、テキストに明示的に書かれている内容だけでなく、テキストに書かれていないことを推論させる質問や、文章のテーマ・構造を問う質問もテストの問題として出題することができます。
　しかし、リーディングテストの作成において、さまざまな質問タイプをランダムに組み合わせるのは妥当ではなく、効率的であるとも言えません。テストの設問として用いる以上は、各質問タイプがそれぞれ読み手のどのような能力を測定できるのかを知っておく必要があります。端的に言うと、質問タイプによって、測定することのできる「テキスト理解の深さ」が異なっています。読解における「理解の深さ」については、読解研究でしばしば引用されるKintschの理論から説明することができます。テキストを読んで読み手の心内に記憶される痕跡のことを「心的表象（mental representation）」と言い、心的表象には（1）表層的記憶（surface memory）、（2）命題的テキストベース（propositional textbase）、（3）状況モデル（situation model）の3段階があると言われています（van Dijk & Kintsch, 1983）。
　表層的記憶とは、テキスト内の語や文をそのまま記憶している段階のこ

　1）　清水（2005）では、Graesser et al. (1994)に基づいて、推論質問を(a)因果的先行詞、(b)上位ゴール、(c)登場人物の感情的反応、(d)因果的結末、(e)道具、(f)下位ゴール・行為、(g)状態、(h)読み手の感情の8つに分類しています。

とです。たとえば、多肢選択式問題の中で、テキスト内の単語や文がそのまま正答選択肢に含まれる質問を作成すると、これに近いレベルの理解を測っていると言えます。次に、命題的テキストベースはテキストの中に含まれている命題を中心とした理解を指します。前の分類で挙げたパラフレーズ質問や指示質問は、単にテキスト内の単語や文の異同を問うものではなく、読み手がテキストに含まれる命題をどれだけ理解しているかを測ることができるものなので、このレベルの理解を測っている質問であると言えます。一方で、状況モデルは読み手の知識や推論を含めて構築された表象のことであり、このレベルの表象を構築することが最も「深い理解」と言うことができます。推論質問やテーマ質問に正しく解答できた読み手は、豊かな状況モデルを構築できている可能性が高いと言えます。

先行研究では、複数の質問タイプを用いてテストの項目難易度に影響を与える要因について検証しています。項目の難易度を上げる質問タイプの要因として (1) 解答の明示性と (2) 情報統合の必要性 が挙げられます。具体的には、解答がテキスト内に明示されていない質問のほうが明示されている質問よりも難しく（Davey, 1988; Garciá, 1991）、解答に必要な情報が

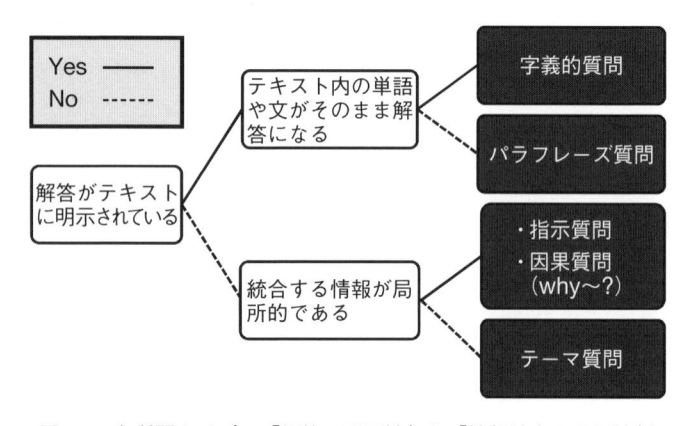

図3.1　各質問タイプの「解答の明示性」と「情報統合の必要性」[2]

---

2) ここでは指示語の照応・因果推論は局所的一貫性、テーマ推論は大局的一貫性の構築に貢献するという Graesser et al. (1994) にしたがって質問を分類しています。McKoon and Ratcliff (1992) では 1〜2 文以内の情報統合は local、3 文以上離れた統合は global と定義しています。

局所的(local)である質問よりも、広い範囲(global)の情報の統合を必要とする質問のほうが難しい(Brandão & Oakhill, 2005; Rupp, Ferne, & Choi, 2006)、ということが実証的な研究からも明らかになっています。

図 3.1 は解答の明示性と情報統合の必要性の観点から、作成できる質問タイプをまとめたものです。質問を作成するにあたっては、まず解答がテキストに明示的であるかどうかが 1 つ目のポイントになります。解答がテキストに明示されている場合、テキスト内の単語や文をそのまま字義通りに解答すれば正答となるのかどうかによって、さらに 2 種類の質問に分類できます。テキストの単語の並びだけを理解していれば字義的質問には答えられる可能性がありますが、テキスト内の単語・文・命題の意味を正確に理解できていないとパラフレーズ質問には答えられない場合があります(Friedman & Rickards, 1981)。

テキストに明示されていない情報を問う質問(推論質問)も解答に必要な情報の性質によってさらに分類することができます。テキストの局所的な情報を統合することによって答えが得られる質問としては指示質問や因果関係に関する質問があります。たとえば物語文において、明示されていない登場人物の行動の理由(e.g., Why did he do that?)を問うことによって、テキストの局所的な一貫性を理解できているかを問うことができます。一方で、テーマ質問はテキスト全体の大局的な情報をもとにテキストの要点や作者のメッセージを問うもので、単にテキスト内の個々の情報を理解するだけでは正答にたどりつくことが難しいと言えるでしょう。

解答が明示されておらず、情報の統合が必要な質問は解答が難しく、最も深い理解を測ることができると考えられますが、具体的にどのような質問を作成することができるのでしょうか。たとえば、平成 23 年度大学入試センター試験では、以下のような質問項目が出題されていました。

(a) Paragraph (1) states that _____
(b) The theme of the passage is about _____
(c) According to the writer, what is needed to become a good communicator?

(a)ではパラグラフ全体、(b)では本文全体で一貫して何について述べら

れているのかを問う設問になっています。ここではテキスト内の個々の単語や文、命題を理解したうえで、それらを統合することによって正答を得ることができます。したがって、テストにおいては大問の最後に位置づけることが適当であると言えるでしょう。(c)は、本文全体の要点(メインアイディア)を問う設問になっています。本文中の要点は説明文においてはトピックセンテンスとして本文中に明示される場合もありますが、明示されていない場合は自分でテキスト情報を統合して、要点を理解する必要があります。特に、統合する情報が複数のパラグラフにまたがるとき、この過程は学習者にとって困難になると言われています(Ushiro, Nakagawa, Kai, Watanabe, & Shimizu, 2008)。

　一方で、物語文におけるテーマは「書き手の意図を反映させたメッセージ・格言」として定義され (e.g., Graesser, Pomeroy, & Craig, 2002; Kurtz & Schober, 2001)、説明文に比べてテキスト内で明示されることが少ないと言われています。物語文においてはたとえば "What is the author's message?" のような質問を与えることによって、物語全体を通して筆者が何を伝えたかったかを問うことができます。テキストのジャンルによってテーマの内容は若干異なりますが、いずれにしても「テキストに明示されていない情報」を推論し、「テキスト内の広い範囲の情報」を必要とするという意味で、深い理解を測定する質問項目として利用することができるでしょう。

　以上のように、リーディングテストにおいて作成できる質問タイプは多様であり、1つのテキストから作成できる質問は無限であると言えます。測りたい内容や学習者のレベルに応じて、各質問タイプをバランスよく用いることが効果的なテスト作成につながるでしょう。質問タイプが明示的な内容を問うものばかりに偏ってしまうと、テキストの表面的な理解しか測定できず、妥当性の低いテストになってしまう可能性があります。リーディングという活動が単にテキストを読み取るという受動的な活動ではなく、書き手と読み手の積極的なコミュニケーションであることを考慮しても、テキストの表面的な理解だけでなく、書き手の意図を学習者が正しく理解できているかどうかを測定できるテストの作成が重要だと考えられます。

　また、複数の質問タイプを織り交ぜたテストを作成することによって、テスト得点から生徒の熟達度を知るだけではなく、「どのような能力が欠け

ているのか」を知る指標にすることもできます。学習者がテキストの表面的な理解ができていないのであれば、語彙・文法などの読解の下位技能を向上させる必要がある一方で、表面的な理解はできていても推論や情報の統合能力に欠けていたとすれば、推論や背景知識の活性化を積極的に促す指導が必要であると考えられます。

2. 多肢選択式は偶然性の高い問題？

　テストの形式にはさまざまありますが、受験者自らが解答を作成するものと、多肢選択式に代表されるように、与えられた解答、選択肢から選ぶものに大きく二分されます。前者は自由記述式で「理解＋産出」が必要であり、一方、後者は多肢選択式で「理解＋選択」のプロセスを踏みます。ただし、常に「選択」のほうが「産出」よりも容易であるとはかぎりません。

　採点者の主観が入らない客観性の高さなどから、センター試験、TOEFL, TOEIC，英検などの大規模テストにおいては、多肢選択式テストが多く使用されています。多肢選択式テストの利点はいろいろと考えられますが(Chang et al., 2007)、主に採点基準の明確性・客観性と採点の容易性・実用性に優れていることなどが挙げられます。

　しかし、多肢選択式テストに対しては、測られる能力が実生活で使用する技能とは異なり(Koda, 2005)、文章を完全に理解しなくとも、おおよその推測で正解できてしまう(Kobayashi, 2002b)などの批判があります。4択の問題は常に25％の「当て推量」による正答が可能であり、この面からも偶然性の高い問題であるとの懸念がつきまといます。以下、卯城ほか(2007)に基づいて、多肢選択式が測定している能力を検証します。

2.1　テスト形式と測定される能力

　上記のような解答形式の違いによって、テストの難易度や測定している能力が異なるかについての研究は行われており、中には記述式も多肢選択式も難易度や構成概念(テストが測定しようとしているもの)に有意な差は見られなかったという研究もあります (e.g., Traub, 1993)。

　一方、多肢選択式テストは選択肢が与えられているので、自ら解答を作

成する記述式と比較し、完全な理解が伴わずとも正答が推測でき、解答が容易であるという研究や (e.g.,Wolf, 1993)、それに伴ってテストの妥当性が疑問視されるというような研究もあります (Kobayashi, 2002b)。

　読解テストにおいて多肢選択式と他の形式を比較した研究は、難易度を比較した研究 (e.g., Shohamy, 1984; Wolf, 1993) と、構成概念を比較した研究 (e.g., Rodriguez, 2003; van den Bergh, 1990) に大きく分かれます。難易度を比較した研究結果からは、選択肢を与えた場合には、受験者は記述式と同等もしくはそれ以上のパフォーマンスが可能になることがわかっています。これは前述の「当て推量」からも当然考えられることです。一方、テストが測定している構成概念の検証においては、異なるテスト形式でもテスト間に高い相関が得られていることなどから、テスト形式が異なる場合も測定される能力は同じであると結論づけられています。

2.2　多肢選択式テストの項目難易度を説明する要因

　多肢選択式テストの項目難易度に関して、従来の研究では多数の要因を説明変数として挙げています。

表 3.2　多肢選択式テストの難易度を左右する要因

	扱った要因	有意に困難度を説明する要因
Drum, Calfee, and Cook (1981)	テキスト要因 質問文要因 正答選択肢要因 錯乱肢要因	・正答選択肢中の低頻度語の有無 ・正答選択肢中の新出内容語の有無 ・錯乱肢のもっともらしさ
Davey (1988)	テキスト要因 質問タイプ要因 質問形式要因	・質問文の長さ ・答えの情報の位置
Freedle and Kostin (1993)	59個の要因	・語彙の重複 ・文の長さ ・パラグラフの長さ ・修辞構造 ・否定形の有無 ・指示対象 ・パッセージの長さ

たとえば Drum, Calfee, and Cook (1981) は「テキスト要因」、「質問文要因」、「正答選択肢要因」、「錯乱肢要因」からそれぞれ4つの変数を選び、読解パフォーマンスに与える影響を調べています。その結果、読解パフォーマンスに負の影響が見られたのは、頻度の高くない語が正答選択肢の中にある場合でした。また特に高学年(6年生以上)の児童の正答率を低下させたのは、正答選択肢の中に新出の内容語がある場合、そしてもっともらしい錯乱肢がある場合でした。一方 Davey (1988) は、説明変数を「テキスト要因」、「質問タイプ要因」、「質問形式要因」の3つに分類したうえで計20の下位要因を抽出し重回帰分析を行い、質問文の長さと答えの情報の位置が有意な説明変数であることを示しました。Freedle and Kostin (1993) ではさらに多い59個の要因を対象に分析が行われました。そして最終的にまとめられた有意な変数群は(a)語彙の重複、(b)文の長さ、(c)パラグラフの長さ、(d)修辞構造、(e)否定形の有無、(f)指示対象、(g)パッセージの長さでした。

　以上のように、多肢選択式テストの項目難易度を説明する要因について先行研究間では一致した結果が見られません。この理由として、これまでの研究において扱われている要因の数や分類が異なっていることが挙げられます。また、テキスト要因については、すべての項目がテキスト全体の要因と関わっているわけではありません。つまり、項目によってはテキストの一部を読むだけで解答できてしまうにもかかわらず、テキスト全体と関わっているかのような観点で分析している研究が多いため、結果が歪められている可能性があります。

2.3　項目難易度と質問タイプの関係

　前節で述べたように、選択肢のないテストの場合、明示されていない情報についての項目や、テキスト内で使用されていない語に書き換えられている項目は、テキスト中に明示された情報が正答となる項目よりも難易度が高くなります (Wilson, 1979; 吉田、1998)。これは、前者は、答えるさいに推論が必要になるためだと考えられます。先行研究では、推論問題に答えるためには字義問題に比べてより深い読みが必要になると言われています (Johnston, 1984; Oakhill, 1984)。

　推論問題にどのような質問タイプが含まれるかについては、研究者間で

意見が分かれています。たとえば、清水（2005）ではメインアイディアを問う質問をテーマ質問と名づけ、その他の暗示的情報の理解を問う質問を推論質問としていますが、Graesser, Singer, and Trabasso (1994)では両方とも推論質問として分類しています。清水は、情報の統合などの処理が必要な推論質問やテーマ質問をまとめて上位レベル処理、パラフレーズ質問などを下位レベル処理として分類し、実験の結果から上位レベル処理を伴う質問は下位レベル処理を伴う質問に比べ難易度が高くなることを示しました。テスト作成者が考慮すべき観点のひとつでしょう。

3. 解答プロセスの得点化

3.1　多肢選択式テストの課題

多肢選択式テストにおける解答方法を扱った研究では、ほとんどすべての先行研究が、多肢選択式テストが大きく2つの問題点を抱えていることを指摘しています（e.g., Ben-Simon et al., 1997; Bradbard et al., 2004）。

1つ目の問題点としては、前述の知識に基づかない当て推量により正答に辿り着く可能性があることです。そのため、たとえば正解・不正解の2値的採点の場合、しっかりと内容を理解して、適切な過程を経て得られた正答なのか、当て推量によって得られた正答なのかを区別することができなくなってしまいます。

この当て推量について、Bachman and Palmer (1996, 2010)はランダムな当て推量（random guessing）と知識に基づく当て推量（informed guessing）の2種類の当て推量が存在するとしています。前者は、文字通りランダムに選択肢を選ぶ方法です。たとえば4択式の場合、すべての選択肢が25%の確率で選ばれることになります。これに対し、後者は自らの知識に基づき選択肢を絞り込んでいく方法です。解答にさいして、自らの知識を用いているので適切な解答プロセスだと考えられます。これは後述する部分的知識と重なるところでもあり、得点に反映させることで信頼性・妥当性の向上につながると考えられます。これら2つのうち、テストの信頼性・妥当性を脅かすのは前者のランダムな当て推量です。

2つ目の問題点としては、正答を特定することはできないまでも、いくつかの選択肢が不正解だということは特定できるといった部分的知識（partial knowledge)が測定できないという点です。たとえば、同じ不正解となった場合であっても、与えられた選択肢のうち、既有知識を用いていくつかの選択肢が不正解だと特定できたが不正解となった受験者と、選択肢を1つも理解できずに不正解となった受験者とではその能力は異なると考えられます。

3.2 当て推量による正解の修正

前節で述べたような多肢選択式テストにおける問題点を改善することで、その信頼性・妥当性を向上させることができると考えられます。そこで、多肢選択式テストにおいてさまざまな解答方法が提案、検証されてきました。

まず、従来の多肢選択式テスト(Number Correct, Number Right; NR)の問題点である当て推量の影響を抑制することを目ざしたCorrection for Guessing(CFG)という「当て推量修正公式」が比較的早い段階から提唱されてきました。

このCFGにおいては、選択肢がk個の項目において、受験者は1つの不正解につき$-1/(k-1)$点となります。項目に解答しなかった場合は0点となります。つまり、当て推量で解答するのであれば未解答のままのほうがよいということになります。

しかし現在では、このCFGは部分的な知識に基づいた当て推量を考慮できていないため、改善方法としては不十分であり、従来の解答方法のNRとさほど変わらないという主張も見られます(e.g., Bachman & Palmer, 1996, 2010)。また、次のET, SSTと比較すると劣ることを示した研究も多く(e.g., Jaradat & Tollefson, 1988)、問題点が残る方法となっています。

3.3 不正解の選択肢を解答させる方法

異なる方法で従来の多肢選択式の問題点の改善を試みたものにElimination Testing (ET)というものがあります。この解答方法はCoombs (1953)によって提案された採点方法で、解答方法に関するものの中では比較的多く研究されています (e.g., Bradbard et al., 2004; Collet, 1971; Coombs et al., 1956)。この解答方法においては、受験者は不正解だと思われる選択肢を消去するように指示されます。不正解の選択肢を特定し、消去するごと

に1点が与えられ、誤って正解の選択肢を不正解とした場合には、−(選択肢数−1)点となります。たとえば4択式の問題の場合、各問題につき−3点から3点の得点幅があることになります。

　このETが従来のNRの問題点を改善するメカニズムは、「当て推量で選択肢を消去した場合、減点される」という認識がランダムな当て推量を抑制し、「その他の選択肢についてはわからないが、この選択肢は明らかに間違っていると思われる」という思考のもと、錯乱肢を正しく消去できた場合に加点されることで、学習者の部分的な知識を得点に反映するというものになっています。

　ETを用いた実証研究に関しては、Coombs et al. (1956)やBen-Simon et al. (1997)などがあり、英語教育に関する研究ではないものの、従来の採点方法や解答方法と比較して、高い信頼性・妥当性を示す結果となっています。

　それぞれ信頼性を検証する手段が再テスト法やクロンバックα係数[3]などさまざまであり、その差を統計的に調査している論文は多くありません。しかし、有意差はなくとも、信頼性を示す値は従来の解答形式と比較し、同じかもしくは高いという結果です (e.g., Collet, 1971)。また、そうでない場合もテストの時間短縮や測定誤差の低減、部分的な知識の測定などの観点でETを優れた解答方法だとする研究が多数を占めています (e.g., Bradbard et al, 2004; Chang et al., 2007)。

3.4　正解を複数選択させる方法

　不正解だと思われる選択肢を消去するETとは反対に、正解だと思われる選択肢(複数可)を選ぶという解答方法も提唱されています。この解答方法はSubset Selection Technique (SST)と呼ばれており、これを用いた最も古い論文としてDressel and Schmid (1953)があります。この研究に続いて、その有効性を示す論文は比較的多く見られます。

　この解答方法の配点としては、各項目の選択肢が4つの場合、(a) 正答のみを選ぶと3点が与えられる、(b) 正解だと思われる選択肢を複数選ん

---

　3)　テストに含まれている個々の質問項目が、同じ特性を測定し、等質性(内的整合性)があるかどうかの程度を表すもの。

だ場合、その中に正解が含まれていると、3−n点が与えられる(nは選んだ正答以外の選択肢の数)、(c) 正解だと思われる選択肢を複数選び、その中に正解が含まれない場合、−n点が与えられる(nは選んだ選択肢の数)、となります。

このSSTに関しても、上記ETの説明と同様のメカニズムで従来のNRの2つの問題点を改善していると理論上想定されています。このSSTを用いた実証研究としては、Alnabhan (2002), Dressel and Schmid (1953)などがあり、心理学などの分野で行われた研究であるものの、SSTを用いることで、従来のNRと比較して信頼性・妥当性の高い測定につながることが示されています。

中でもJaradat and Sawaged (1986)は解答方法を検証した論文の中で、熟達度要因を考慮して実験を行った数少ない研究です。この研究から従来のNR, CFGと比較して、SSTは高い信頼性・妥当性を示すことがわかりました。また、この研究の結果から、熟達度の上位群と下位群で結果に若干の違いが見られます。つまり、解答方法は多かれ少なかれ、読解熟達度の影響を受けると考えられます。また、Jaradat and Tollefson (1988)では、教育測定専攻の大学院生を対象にET, SST, 自由記述式問題間の信頼性・妥当性の比較が行われています。その結果、この3つの採点方法と自由記述問題の間には有意な差は見られませんでした。またそれぞれの解答方法に関するアンケートの結果によると、ETがよい測定方法だと認識している一方で、従来のNRを好むという傾向が表れることも示されています。

3.5 自信度を得点化する方法

さらに、異なる解答方法として、項目ごとの受験者の解答に対する自信度を報告させ、その自信度と解答の正否に基づいて重みづけ採点を行い、受験者の部分的な知識(partial knowledge)を測定しようとするものが存在します。これはConfidence Weighting (CW), Confidence Markingなどと呼ばれています。

CWに関しても、ET, SSTと同様のメカニズムで従来のNRの2つの問題点を改善すると想定されています。ただし、自信度の報告は受験者の主観に左右される部分が大きいので、受験者の性格により得点が影響を受けるということは大いに考えられます。この点については、Shizuka (2003)

などで改善し、CW をさらに発展させた Computer-based の解答方法 (COPS) も提示されています。

この CW に関する先行研究も比較的多く見られますが、自信度をいくつの段階に設定し、その自信度をどのように得点に反映させるかについては先行研究によってさまざまです (e.g., Dressel & Schmid, 1953; Leclercq, 1983)。

台湾の EFL 高校生を対象に CW の有効性を検証した Yen et al. (2010) においては、各項目への解答のさい、自信度を高・中・低の 3 段階で報告させ、正解 / 不正解との関係で、−6/−2/0/1/2/3 点という 6 段階で得点が与えられています。たとえば、不正解にもかかわらず自信度を高と報告した場合において −6 点となります。この CW の枠組みを用いてこの研究では、英語語彙テストを用いてコンピュータ適応型テストの測定の改善を試みています。受験者のレベルやテスト条件に左右されない項目応答理論 (item response theory) を用いた分析の結果、上記 CW を用いたコンピュータ適応型テストにおいて測定誤差が有意に低くなり、テスト時間も短く、テスト効率が向上することが明らかになりました。

日本人英語学習者を対象とした研究では、自信度を得点に反映させる CW を調査した Shizuka (1999a, 1999b) の研究があります。この研究では、CW を用いることで多肢選択式英文読解テストにおける信頼性が向上するかどうかを検証しています。この CW では、解答のさいにその解答における自信度を 3 段階で評価させ、解答の正解・不正解と合わせて 0〜5 点の 6 段階で評価させています。結果として、CW を用いることでテストの信頼性、妥当性が向上することが示されています。

この研究ではさらに自信度と解答までの反応時間、その正答率などを分析、得点に反映させることで、Clustered Objective Probability Scoring (COPS) や T-COPS と呼ばれる解答方法を提案し、日本人大学生を対象とした実験において、この解答方法が信頼性の向上に大きく貢献することを示しています (e.g., Shizuka, 2003)。

3.6 リーディングテストにおける応用

英語教育においては、多肢選択式リーディングテストの解答方法を調査した研究は少なく、自信度を考慮した Confidence Weighting (CW) の解答

以外による方法はあまり見られません。また、消去法を用いた Elimination Testing (ET), 選択肢を複数選択できるという Subset Selection Technique (SST) の検証も行われていません。また、それぞれの解答方法の影響が熟達度によってどのように変化するのかについて検証した研究は非常に限られています。

　Yamashita (2012) では、日本人 EFL 学習者を対象に、多肢選択式英文読解テストにおいて、ET, SST, CW の解答方法を用いることで、従来の解答方法 (NR) と比較し、信頼性・妥当性が向上するかどうかに関して、受験者の熟達度も考慮して検証しています。信頼性・妥当性検証のために、それぞれの解答方法における得点に基づき、質問項目の等質性や、他テストとの相関などの統計的分析、比較を行った結果、SST, CW の解答方法における信頼性、妥当性は従来の解答方法と比較して、有意に高い値であることが示されました。

　この結果は受験者の読解熟達度にかかわらず得られる結果でした。しかし、読解熟達度下位群においては、妥当性の尺度となる SST の相関係数の値が低くなるという熟達度の影響を受ける結果であったため、その適用には注意も必要です。また、同時に行われたアンケート調査からは、受験者は ET に対して否定的な意見を持っていることが示されました。

　つまり、読解熟達度があまり高くない EFL 学習者の測定に関しては、SST や ET は有効に働かないか、あるいは否定的な影響を与える可能性があるということです。これは、Hoe et al. (2009), Jaradat and Tollefson (1988) などで示唆されているように、不正解の選択肢を特定するという ET の解答方法が受験者にとって不慣れで、読解熟達度が低い学習者にとっては難しいものであったこと、また、彼らが漠然と理解しているような部分的な知識を活用することを過度に抑制してしまったことに起因すると考えられます。

　しかし、一方で Hoe et al. (2009) は、ET が有効なストラテジーであることも述べており、また Collet (1971) は ET を用いることで合理的な思考力が身につくという可能性を示唆しています。ET に関する先行研究を考慮すると、リーディングテストにおける ET の効果は今後も検証されるべきであると考えられます。

4. リーディングテストにおけるテキストの長さと問題数の関係

　リーディングテストは作成する教員も解答する生徒も、「労多くして効少なし」と感じることも多いのではないでしょうか。教員の立場として考えてみると、1つのテキストに対して作成できる問題は限られているため、いくつもテキストを用意しなければなりません。また、生徒の立場として考えてみると、長いテキストを読んだにもかかわらず答えなければならない問題はたった数問しかない場合もよくあります。そのため、テスト作成者・解答者の両者にとってリーディングテストは非効率だと思われてしまうかもしれません。

　たとえば、TOEIC Part 7 のリーディング問題では、シングルパッセージのテキスト、ダブルパッセージのテキストにかかわらず1テキストあたりの問題数は最大5問であり、英検2級のリーディング問題でも同様に1つのテキストにつき問題数は最大5問です。また、センター試験の第6問では700語程度のテキストを読まなければならないにもかかわらず、平成23年度試験の問題数は6問でした。リーディングテストを行う時間と同じ時間をかければ、数十問の語彙問題や文法問題に解答することができるでしょう。また、テスト作成者側としても、テスト解答者のレベルに合うテキストを時間をかけて選定し、そのテキストの内容に基づいて問題を作成しなければならないため、語彙問題・文法問題と比べると問題作成の時間は大幅に増加します。そのため、テスト作成者・テスト解答者ともに1問あたりのリーディングテストにかける時間は非常に多くなります。このような、一見非効率に見えるリーディングテストはどのように改善できるでしょうか。

　それではまず、1テキストあたりの問題数を増やす方法を考えてみましょう。たとえば、TOEFL の paper-based test のリーディングテストでは、1つのテキストあたり問題数が10問あります。この10問の中にはテキストの内容理解問題もありますが、テキスト内で使用されている語彙がどのような意味で使用されているのかを問う問題があります。具体的には、以下のような問題です。

> For example, if a child suddenly runs in front of your car, your stress response is activated and you slam on the brakes. You perceived and dealt with the threat.
>
> The word "activated" in paragraph 2 can best be replaced by _____.
>   1. begun*
>   2. concluded
>   3. researched
>   4. tested
>
> Takanashi et al.(2009)より。

つまり、語彙問題をリーディングテストの中で出題するということになりますが、通常の語彙問題と異なるのはテキスト内での意味を問うという点です。テキストの該当部分を読まないと正解にたどり着くことができないように作問すれば、リーディングの要素を含んだ語彙問題となります。同様に、TOEFL のリーディングテストでは以下のように、指示語がテキスト内で何を示しているのかを問う問題も出題されています。このような、文章のメインアイディアを問う問題以外の設問を含めることで、1パッセージあたりの問題数を増やすことができます。

> Stress is the body's normal response to upsetting or dangerous events. When the body feels threatened, a number of automatic functions occur; the heart beats faster, muscles tighten, blood pressure increases, the senses sharpen, alertness increases, and the body releases adrenalin and other stress hormones. This stress response, also known as "fight or flight," prepares the body to either fight immediate danger, or flee from it.
>
> What does the phrase "this stress response" in paragraph 2 refers to?
>   a. How the body reacts to a stressful event.*
>   b. How doctors treat stress.
>   c. How friends and relatives react to stress.
>   d. Exercises used to avoid stress.

Takanashi et al. (2009) より (一部改変)。

　また、1つの文章に多くの項目を含めることを目的として、クローズテスト (cloze test) を用いることもできます (クローズテストの詳細については3.5節を参照)。クローズテストは文章の中の単語を決められた語数ごと (例：7語ごと) に空欄にしてその空欄をテスト受験者が埋めるテストですが、テスト形式によっていくつかの種類に分けることができます (Chapelle & Abraham, 1990)。クローズテストは一見ただの空所補充テストのように思われますが、1文の理解だけではなく2文以上にわたるテキスト理解も測定することができると言われています (Chihara et al., 1977)。そのため、クローズテストをリーディングテストとして出題しても、テストの妥当性が大きく損なわれてしまうことはないでしょう。

　では最後に、問題数を増やすその他の方法を考えてみましょう。通常選択式で問題を出題するときには、たとえば4つ選択肢を作成しても問題数としては1問にしかなりませんが、それぞれの選択肢を1問として扱えば4問に増えます。正答以外の選択肢 (錯乱肢) をせっかく作成したのであれば、これを活用しましょう。つまり、各選択肢について、「本文の内容について書かれた以下の文について、正しいものにはT，誤っているものにはFを書きなさい」のような形で出題するのです。こうすれば、選択問題で消去法を使用して解答する、という問題点も解消できます。もしTF問題だと当て推量でも50%の確率で正解してしまうことを危惧するのであれば、「以下の選択肢のうち、文章の内容に合っているものをすべて選んで記入しなさい」というような指示文にすることも可能でしょう。選択肢aのみが本文の内容に合っていて、b, c, dが合っていないような問題の場合に、ある生徒の解答欄にはbと書いてあった場合には、その生徒は選択肢a, bは不正解で、c, dは正解と見なすことができます。そのため、この設問では4点中2点をその生徒が獲得したというような採点にすることができるでしょう。この方法では見かけ上は問題数が増えたようには見えませんが、TF問題と同様に実質は選択肢ごとに採点するため、実際の問題数は増えたことになり、通常の選択問題と比較すると生徒はより深くその設問に取り組むことになります。

　テストの問題数を増やすことは、テスト作成・解答の効率を高めるだけ

ではなく、テストの信頼性を高めることにもつながります。問題数を増やそうとするあまり問題同士が深く関連し合い、ある問題が他の問題の手がかりになってしまうことは避けなければなりませんが、できるだけ問題数を増やすことでテストを実施するさいにより充実感が生まれるだけでなく、よりよいテストを作成できるでしょう。

5. 質問や選択肢のない問題：空所補充問題が測定するもの

　教室現場において頻繁に用いられるリーディングテストの形式の1つに、英文テキスト内にいくつかの空所を設けて、その空所に適した語や句を解答させるいわゆる「穴埋め」の問題があります。このようなテスト形式は、広く「クローズテスト（cloze test）」というテストタイプに分類されます。クローズテストについては前節でも述べましたが、本節ではこのテスト形式について改めてその有効性を検証したいと思います。

　1953年に開発されたこのテストは、テキスト中の語を一定の間隔で削除して（無作為削除）空所を設けることにより作成されます。受験者は、その空所を埋めるのに適する語を解答します。語の削除間隔は通常5〜12語ごとで、ある程度の文脈制約を与えるために最初と最後の1, 2文はそのままにして残されます（下記例参照）。採点法は元のテキストに含まれていた語だけを正答とする「原語法（exact-word scoring）」と文脈に適する語はすべて正答とする「適語法（acceptable-word scoring）」の主に2種類があります。

The science of automatic control depends on certain common principles by which an organism, machine, or system regulates itself. Many historical developments up to the present day have helped to identify these principles. For hundreds of years there were (1) examples of automatic control systems, but no connections were recognized (2) them. A very early example was a device on windmills (3) to keep their sails facing into the wind. It consisted (4) of a miniature windmill which rotated the whole mill to (5) in any direction. The small mill was at right angles (6) the main one, and whenever the latter faced

> in the (7) direction, the wind caught the small mill's sails and rotated (8) main mill to the correct position. Other automatic control mechanisms (9) invented with the development of steam power: first the engine (10), and then ...（以下省略）
> 　　　　　　　　　　　　（クローズテストの例；Bachman, 1985 より一部引用）

　クローズテストの最大の利点は、その実用性の高さにあります。他の問題形式と違い、クローズテストでは作成者が質問項目や選択肢を考える必要がありません。ある特定のテキストを選定し、その中に機械的に空所を作成するだけでクローズテストは一応の完成となります。また、BigEditor (n.d.)などのソフトウェアを用いて、テストを自動的に作成することも可能です。さらに、前節で述べたように1つの文章に対して多くの問題項目を含められることも利点の1つであると言えます。

　クローズテストは外国語教育に導入された当初、学習者の総合的な言語運用能力を測定する有用なテストとして支持されました。しかし、その後にはそのような主張に対する反論もあり、クローズテストはどのような能力を測定しているのか、つまりその構成概念妥当性についてさまざまな議論がなされてきました (e.g., Alderson, 1979; Oller & Conrad, 1971)。これらの異なる主張の背景には、語の削除間隔や用いたテキストの難しさ、採点基準などが研究間で異なっていたという問題が存在していました。その結果、テストの構成概念妥当性を高めるために、無作為削除に代わる意図的削除を用いたテスト (Bachman, 1982)や、「2語ごとに」「単語の後ろ半分」を削除して(例：defin__)単語の続きになる部分を受験者が記入する C-test (Klein-Braley, 1985)、テキストに挿入された無関係な語の削除を求める cloze elide test など、いくつかのクローズテストの変種が作成されるようになりました。以下では、これらの変種の中から「空所に適する語を解答するテスト」という概念により近いものとして、意図的削除を用いたテストを取り上げ、無作為削除のテストとの相違点について述べていきます。

　Alderson (2000)では、クローズテストという名称は冒頭に述べた無作為削除のテストにのみ用いられるべきであり、意図的削除を用いたテスト (gap-filling test; 空所補充テスト)は無作為削除のテストとは異なる能力を

測定しているため、クローズテストとして言及されるべきではない(p. 208)と主張されています。[4)] 空所補充テストではクローズテストとは異なり、テスト作成者自身がどの語を削除するのかを決定します。したがって、このテストでは、接続詞を削除することで文間の結束性の理解を測定したり、テキストの主題に関わる語を削除することでテキストの全体的な理解を測定したりするなど、テスト作成者が問いたい部分を問題にできるという利点があります。削除を行うさいには、解答が不当に難しくならないために削除間隔が5〜6語より小さくならないよう配慮する必要があります(下記例参照)。英検(実用英語技能検定)やTOEICなどの実際の英語能力テストにおいては、多肢選択式の空所補充テストが扱われています。多肢選択式では自由記述式と比べ、客観的な採点が可能になる、受験者の純粋な受容能力を測定できる、テストの難易度を下げることができるといった利点があるのに対し、錯乱肢や当て推量の影響、テスト作成時間の増加など考慮されるべき問題もあります。

The science of automatic control depends on certain common principles by which an organism, machine, or system regulates itself. Many historical developments up to the present day have helped to identify these principles. For hundreds of years there were many (1) of automatic control systems, but no connections were recognized among them. A very early example was a device on windmills designed (2) keep their sails facing into the wind. (3) consisted simply of a miniature windmill which rotated the whole mill to face in any direction. (4) small mill was at right angles to the main (5), and whenever the latter faced in the (6) direction, the wind caught the small mill's sails and rotated the (7) mill to the correct position. (8) automatic control mechanisms were invented with the development of steam power: first the engine governor, (9) then…(以下省略)

(空所補充テストの例；Bachman, 1985 より一部引用)

---

4) 以下ではこの主張に従って、無作為削除を用いたテストを「クローズテスト」、意図的削除を用いたものを「空所補充テスト」と呼びます。

クローズテストと空所補充テストを比較した Bachman (1985)では、これら 2 つのテストではその信頼性、他のリーディングテストとの相関、受験者群の弁別においてすべて同等の結果が示されています。しかし、これらのテストではその難易度に違いがあり、前者のほうが後者よりも高い難易度を示しました。Bachman はこの違いについて、それぞれのテストで削除される語(テストに含まれる項目)の特徴の違いが影響していることを指摘しています。

クローズテスト・空所補充テストに含まれる項目について、Abraham and Chapelle (1992)はその難易度に影響し得る項目特徴として、8 つの内的要因を挙げています(表 3.3 参照)。

表 3.3 クローズテスト・空所補充テストの項目特徴の分類 (Abraham & Chapelle, 1992, p. 470 より一部改変)

1.	空所と解答の手掛かり情報の位置 (解答に必要な文脈の量)	近い ⟷	遠い
2.	空所が含まれる文の音節数	少ない ⟷	多い
3.	正答となる語がテキスト内に現れる回数	多い(頻繁) ⟷	少ない (0)
4.	正答となる語が機能語か内容語か	機能語 ⟷	内容語
5.	正答となる語の長さ	短い ⟷	長い
6.	正答として許容される語の数	2 つ以上 ⟷	1 つ
7.	正答となる語の語形変化が可能か (活用形の数)	1 つ ⟷	2 つ以上
8.	解答形式	選択 ⟷	自由記述

Abraham and Chapelle はこれらの要因が項目難易度に与える影響について (a)クローズテスト、(b)自由記述式空所補充テスト、(c)多肢選択式空所補充テストという 3 つのテスト形式において検証を行い、(a)では上表の 3, 4, 7, (b)では 1, 4, 5, 6, 7, (c)では 4 と形式によって異なる要因が項目難易度に影響を与えることを示しました。[5] (b)でのみ、1 の要因が項目難易度に影響したことから、Abraham and Chapelle では文脈情報を利用する能力

---

[5] 機能語 vs. 内容語について、(a) (b)では機能語よりも内容語が難しいという結果になっていますが、(c)ではその逆の結果が得られています。

を測定するには、自由記述式の空所補充テストが適切であると結論づけています。Kobayashi（2002a）では表3.3の枠組みに項目が測定する知識（例：成句の知識、談話的知識）などの要因を加えて、クローズテストの項目特徴とその難易度の関連を、日本人大学生を対象に行った実験により検証しました。その結果、Abraham and Chapelle の結果と同じく4の要因が項目難易度に影響することが示されましたが、同時に3や7といった要因が難易度に与える影響はその他の要因や採点法に大きく依存することを明らかにしました。これらの研究結果から、クローズテスト・空所補充テストの項目難易度は、テストに含まれる項目のさまざまな特徴に加え、採点法などの他の要因との複雑な関わりによって変化すると言えるでしょう。しかし、このような項目特徴について、Kobayashi は特に「項目の解答に必要な文脈の量」や「項目が測定する知識」といった要因の分類の難しさに言及しています。これは、ある項目が必ずしも1つの知識や決まった文脈量で解答されるわけではないためです。したがって、クローズテスト・空所補充テストが測定する能力をより精密に検証するためにも、項目特徴の枠組みは今後さらに精緻化される必要があると言えるでしょう。

　空所補充テストの特性を解明する他のアプローチとして、発話プロトコル法[6]によってテストの解答プロセスを検証した研究があります。Storey（1997）では、中国人大学生の多肢選択式空所補充テストの解答プロセスを発話プロトコル法によって検証しています。このテストでは、ディスコースマーカーや指示代名詞などが削除項目となり、それらの項目は文間の理解を測定すると仮定されました。この研究では、受験者の発話プロトコルの分析からテストに含まれるおおよその項目は空所の前後の文のつながりを考えて解答されていることが示され、仮説が支持されています。また、Yoshida（1997）では日本人大学生が空所補充テストを解答するさいに用いる情報について検証を行いました。この研究では、難易度の低い項目は空所の前後の情報や文法的な制約を利用した「局所的処理」によって解答されるのに対し、難易度の高い項目はテキストの主題などより広い文脈からの情報を用いた「大局的処理」によって解答される傾向が示されています。

---

[6]　発話プロトコル法とは、課題遂行中に頭に浮かんだことをすべて声に出して発話することを指します。

同じ空所補充テストに含まれる項目であっても、その難易度によって受験者の解答プロセスが異なるというのは非常に興味深い結果です。また、項目の難易度とその解答に必要な文脈量の関連は、上記で述べた Abraham and Chapelle (1992) の結果と一致しています。さらに、同じく日本人大学生を対象とした Yamashita (2003) は、空所補充テストの解答プロセスを受験者の英語熟達度の観点から検証しています。この研究では、受験者の熟達度によらず多くの項目は空所の前後の情報を用いて解答されていたものの、熟達度の高い受験者のほうが低い受験者と比べてその傾向が強いこと、また、熟達度の高い受験者はより広い文脈からの情報を解答に利用することが示されました。この結果から Yamashita は、空所補充テストによって受験者間のテキスト全体の情報の理解や利用能力の峻別ができると述べています。しかしながら、上に挙げた研究では、項目によっては読み手の背景知識や単なる文法的知識などテキストの内容理解以外の情報で解答されてしまう事例も報告されています。また、発話プロトコル法では高度に自動化されたプロセスは反映されないという問題点もあるため、空所補充テストの解答プロセスについてはさらなる検証の余地があると言えるでしょう。

　クローズテストおよび空所補充テストは、これまで概観してきた研究の知見をもとに、その形式による違いや項目特徴などを理解して作成されれば、実際の授業・テスト場面において実用的かつ妥当なリーディングテストとして用いることができるでしょう。また、これまで空所補充テストに関する研究は非常に多くなされていますが、近年ではその数は以前ほど多くないように思えます。しかしながら、それらの研究では未だ解明されていない謎も多く残っているのではないでしょうか。実際の英語能力テストにも用いられているこのテストをさらに解明することで、先に述べた実用的かつ妥当なリーディングテストとしての利用可能性の向上につながることが期待されます。

第4章
▼
リーディングテストと他技能の関連

　英語を読むためには語彙や文法の知識が必要不可欠です。そのため、リーディングテストにおいても、語彙や文法の知識を問う問題がこれまで多く扱われてきました。また、読んだ英文の内容を英語でまとめたり、その内容に対する意見などを話したり書いたりさせることで、その理解度を測る問題が扱われることがあります。しかし、それらの問題は英語を読む力を測る問題になっているのでしょうか。

　この章では、語彙・文法知識とリーディング能力の関連について概説するとともに、語彙・文法知識を測る問題の作成上の留意点について述べます。また、生徒にスピーキングやライティングを行わせることで英文の理解度を測る方法について、具体的な課題例を紹介するとともに、留意点についても検証します。

1. リーディングテストで語彙・文法知識を測る

　本節では、リーディングと語彙知識、そして、リーディングと文法知識との関連について概説します。語彙知識や文法知識は、読解プロセスの中でも、単語認知、語彙アクセス、統語解析の3つのプロセスに、深く関わります。単語認知は、テキスト中の文字や単語を特定する認知プロセスです。語彙アクセスは、単語の語形や意味情報を心的辞書内から検索するプロセスです。そして、統語解析とは、一般的に文法とよばれる統語情報や、形態素や機能語のように単語レベルの統語情報の解析を指します。

　語彙知識と読解能力との相関を調べた研究から、両者の強い関わりがわかります。たとえば、Qian(1999)は両者に $r = .78$ の強い相関があることを報告しています。また、Qian(2002)は、Vocabulary Levels Test(VLT:

Nation, 1983)と読解テスト(TOEFL 形式)の相関は $r = .74$ であることや、TOEFL の語彙テスト項目の得点と読解テストとの相関は $r = .73$ であることを示しました。しかし、日本人 EFL 学習者を対象とした研究では、両者の相関係数に幅が見られます。

表4.1に挙げた研究は、広さの側面(何語知っているか)を測定する語彙テストを用い、読解テストとの相関を検証しています。この VLT(Beglar & Hunt, 1999; Nation, 1983; Schmitt, Schmitt & Clapham, 2001)は、テスト項目(目標語)を単独で提示し、その定義を選択する形式を用いて、語彙サイズを測定します。つまり、語彙サイズは、目標語を文章中で理解する力とは切り離された知識と考えられているとしてよいでしょう。リーディングテストの得点と語彙サイズの相関が低いケースがあるのは、文章中の単語を理解して書き手のメッセージを読み取るという力が、文脈から切り離された語彙サイズだけでは説明できないためだと考えることもできます。

表4.1 日本人 EFL 学習者を対象とした語彙テストと読解テストの相関

	語彙テスト	文	読解テスト	相関係数
Aizawa (2005)	VLT (Schmitt et al., 2001)	無	TOEIC または mini-TOEIC	TOEIC: .59 mini-TOEIC: .59
Akase (2005)	VLT (Nation, 1990)	無	英検準1級 (英文2題)	学習者全体: .44 上級者: .35 初級者: .18
Noro (2002)	VLT (Nation, 1990)	無	TOEFL 問題集 (英文1題) 英検(2題)	学習者全体: .74 上級者: .46 初級者: .59
Shimamoto (2005)	VLT (Nation, 2001)	無	TOEIC IP	.58
Shiotsu & Weir (2007)	研究1: 10項目	有	4文	.60
	研究2: VLT(Schmitt et al., 2001)の改訂版	無	(計20項目)	.85

それでは、学習者の力を測定するテストとして適切なのは、どのような形式なのでしょうか。文脈中で語彙知識を測定する利点について、テストの信頼性や弁別力の観点から考えましょう。次に挙げる Vocabulary Size

Test(VST)では、目標語が文中で提示されています。このテストには、モノリンガル版に加え、英日や英韓などのバイリンガル版が作成されています。Nation and Beglar(2007)は、VST はより十分な知識を持っているかどうかを測定できると述べています。目標語とすべての選択肢の品詞が一致しているなど、いずれの選択肢も目標語と何らかの共通点を持つためです。しかし、与えられる文脈は、意味の推測を補助する情報が含まれた文ではありません。次に挙げる例、They saw it. からもわかるように、文脈には、目標語の品詞に関する情報以外に、目標語の意味につながる手がかりがいっさい含まれていません。

VLT	VST モノリンガル版	VST バイリンガル版
1. business 2. clock 3. horse 4. pencil 5. shoe 6. wall — part of a house — animal with four legs — something used for writing	1. see: They **saw** it. 　a. cut 　b. waited for 　c. looked at 　d. started	1. see: They **saw** it. 　a. 切った 　b. 待った 　c. 見た 　d. 始めた

では、どのような文脈を使用した形式が、テストとして最も効果的なのでしょうか。ここで、さまざまな文脈を使用して、多肢選択式(multiple-choice: MC)テストを比較した研究をみてみましょう。Henning(1991)は、次の1から8までのテスト形式を比較しています。ポイントのひとつは、基幹部でどのような情報量を提示するかです。たとえば、(2)や(7)では文脈が一切与えられていませんが、それ以外のテスト形式では情報量の異なる文や文章が提示されています。また、基幹部で目標語を提示し、その意味に合う語を選択させるマッチング形式であるか、または、基幹部の該当箇所に空所を設け、そこに当てはまる語を選択させる空所補充形式であるかもポイントとなります。

　選択肢(全形式共通):
　　(a)both, (b)noticeably, (c)intentionally, (d)absolutely

(1) 当時の TOEFL の出題形式：
Human facial expressions differ from those of animals in the degree to which they can be deliberately controlled and modified.

(2) 単語単独や句単位の提示、マッチング形式：
deliberately

(3) 情報量が最少である文の提示、マッチング形式：
He spied on them deliberately.

(4) 情報量が最少である文の提示、空所補充形式：
He planned the crimes ＿＿＿＿＿．

(5) 意味推測の手がかりを含む文の提示、マッチング形式：
He was guilty because he did those things deliberately.

(6) 意味推測の手がかりを含む文の提示、空所補充形式：
He was guilty because he did those things ＿＿＿＿＿．

(7) 単語単独や句単位の提示、選択肢が文章中に含まれている：
Deliberately

They both[A] enjoyed the show noticeably[B], and he intentionally[C] indicated that it was absolutely[D] the best performance he had seen.

(8) 読解用文章の提示、マッチング形式：
In a democratic[1] society suspected persons are presumed innocent until proven guilty. The establishment[2] of guilt is often a difficult task. One consideration is whether or not there remains a reasonable[3] doubt that the suspected persons committed the acts in question. Another consideration is whether or not the acts were committed deliberately[4]. Still another concern is whether or not the acts were premeditated[5].

これらの比較の結果、Henning(1991)は、信頼性や弁別力が高いのは、複数の目標語が文章に埋め込まれた形式（上記8）であること、空所補充形式よりもマッチング形式であること、そして、手がかりのない文脈よりも推測可能な文脈であることを示しました。つまり、学習者の力を測定するテストとして適切なのは、文脈に含まれる情報量が多いテスト形式であると言えます。

　文章を用いる利点は、他にもあります。ひとつは、文脈を用いることによって単語の語義を限定できることです。また、文脈から意味を推測する力を育成することも利点と言えます。たとえば、多義語の理解を測定する場合、次のような文脈を使用し、第一義以外の語義を知っているかどうかを確認することができます。

> A group of girls were making such an intolerable racket that I eventually asked them to be quiet. (Ushiro et al., 2010)

この文脈では、racketが「大騒ぎ」という意味で用いられていますが、文脈を使わないテストの中でこのような意味を知っているかどうかを問うことには限界があります。また、このような文脈を応用し、文中のracketの部分を空欄にして、あてはまる単語を選択肢から選ばせるというテストも作ることができますし、文脈から意味を推測する活動へと結びつけることもできます。以上のように、リーディングテストの中で語彙知識を測定することで、語彙テストの信頼性や弁別力を高めることができるだけでなく、受験生や生徒への問いかけのバリエーションを豊かにすることができます。

　次に、文法知識を測定する場合を考えてみましょう。文脈量は、語彙知識だけではなく、測定できる文法知識にも影響を及ぼします。リーディングテストの中で文法知識を問うことにより、1文単位での知識だけでなく、文章の論理構成に関わる接続詞や、結束性に関わる指示表現などの知識を測定することが可能となります。次ページの図4.1は、テストで与えられる文脈量と測定される文法知識をまとめています。

　たとえば、1文以上の情報処理に関わる文法知識に注目すると、このレベルでは、次の3つの理解を問うことができます。

　（1）　結束性：談話の結束性に関わる表現形式・意味の理解

文法知識

形式	⇔	意味
文レベル	⇔	文レベル
音韻 書記 ・文節 ・プロソディー(強勢、リズム、イントネーション、音量) ・書記素・音素対応 ・綴り 語彙 ・書記形態 ・統語的特徴／制限 ・書記素的不規則性 ・語形成(複合語化、派生辞付加) ・可算不可算／有生性 ・共起制限 ・活用形 統語解析 ・屈折辞 ・派生辞 ・統語構造(時制、相) ・単文、複合文、複文 ・態、法、語順		音韻 書記 ・最小ペア ・疑問文、付加疑問文 ・強調／対照 ・同音異義語 ・同形異義語 語彙 ・外延／内包 ・定型表現の意味 ・偽同族語の意味 ・意味の場 ・典型性 ・多義語 ・コロケーション 統語解析 ・タイミング、持続時間 ・逆性 ・能動／受動 ・原因-結果／現実-非現実
談話レベル 1文以上	⇔	談話レベル 1文以上
結束性 ・指示(人称、代名詞等) ・代替／削除 ・語彙(くり返し) ・論理的接続詞 ・隣接ペア 情報操作 ・プロソディー ・強調の"do" ・有標的語順 ・新旧情報の構成 ・パラレリズム(平行構造) インタラクション ・ディスコースマーカー ・コミュニケーション方略(順序交替、修正、フィラー、言い換え、造語)	⇔	結束性 ・所有、互恵 ・空間、時系列、心理的リンク ・冗長性回避のための情報リンク ・付加、対照、因果 情報操作 ・強調 ・焦点化 ・対照 ・前景化 インタラクション ・反対、協調、言い淀み ・会話の促進、干渉 ・明確化による修正

図 4.1　文法知識の構成要素(Purpura, 2004, p. 91)

(2) 情報操作：強調する情報と文構造の関連・文構造による強調の理解
(3) インタラクション：コミュニケーションに用いられる形式・意味

　たとえば、(1)については、3章5節で紹介しているクローズテスト形式の場合、she, this, here などの代名詞や、I hope so. などの代用表現、そして、論理的接続詞の知識を問う項目などが含まれます。
　また、(2)については、次の例のように、語順変化と意味との関連について問う課題を用い、実生活での言語使用力を測定することもできます。

　　What kind of presents were exchanged?
　　　a) 　Liz gave Steve the wine.
　　　b) 　Liz gave the wine to Steve.（Purpura, 2004, p. 97）

　この質問に対する適切な回答は(a)であり、(b)は What happened to the remaining bottles of merlot? のような質問に対して適切な回答です。このように、文構造によって、焦点の当たる情報が異なることを理解しているかどうかを問うことができます。
　(3)については、コミュニケーションに用いられる形式と意味を知っているかどうかを測定します。たとえば、You know what? は会話が始まることを意味する形式です。形式と意味は密接に関わっていますが、分けて考えることができます。たとえば感謝を示すさいに、文法的に誤った thanks you を用いたり、それに対する返答として文法的に誤った you welcome を用いたりする場合には、意味は獲得しているが、形式は獲得していないと言えます。
　しかし、より一般的な文法知識ととらえられるのは、図4.1の統語解析にあたる部分でしょう。リーディング活動の中で、統語解析の力を測定する課題のひとつに、校正テストがあります。これは、error detection task ともよばれます。

　　文法的誤りが含まれる文：Editing tests consist of passages in which
　　　error have been introduced, which the candidate has to identify.

必要な単語が1つ抜けている文：Editing tests consist of passages which errors have been introduced, which the candidate has to identify.

正しい文：Editing tests consists of passages <u>in</u> which <u>errors</u> have been introduced, which the candidate has to identify.

（Alderson, 2000, p. 224, 下線は筆者によるもの）

文脈から切り離した単文のみを使うだけではなく、より長い文章を用いることで、より現実に近い課題を設定することができるでしょう。

ここまでに、リーディング活動の中で、語彙知識や文法知識を測定する利点について概説しました。文脈中で語彙知識を測定する利点は、信頼性や弁別力の向上と多義語の曖昧性解消にあります。また、文法知識の測定に2文以上の文脈を用いることにより、結束性（指示詞や論理接続詞）の理解測定や、より現実的な課題設定が可能となることを述べました。これらは、文章理解に必要な知識や能力を測るものですが、文章理解をより発展させる課題には、どのようなものがあるのでしょうか。

2. リーディングからスピーキングへ

この4.2節と次の4.3節では、受容的なリーディング活動と産出活動との関連についてまとめます。学習指導要領でも、「聞くこと」、「話すこと」、「読むこと」、および「書くこと」の4技能の総合的な指導を行うことが求められています。まず、読むことから話すことや書くことに結びつける課題にはどのようなものがあるかをまとめておきましょう。

リーディングから、スピーキングやライティングなどの産出活動を行う場合には、文章参照の程度や、評価の観点を明確にする必要があります。たとえば、Nation and Newton (2009) は、4技能を使った課題を、記憶との関連から次ページの図4.2, 図4.3のように分類しています。

図4.2は、インプットされた情報を（一時的に）短期記憶にとどめ、その後、アウトプットする課題を示しています。たとえば、ディクテーションのように、リスニングによるインプットを瞬時にライティングにつなげる課題は、短期記憶が関わる課題に分類されています。図4.3は、インプットされた情報を一定期間保持してからアウトプットする活動です。たとえ

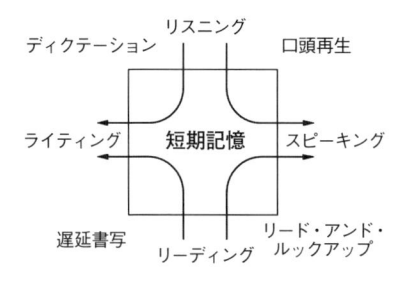

図 4.2　短期記憶が関わる課題 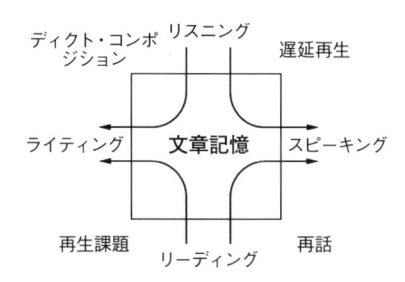　　　　図 4.3　文章記憶が関わる活動

ば、読んだ内容を再生する課題があります。

それでは、本節で、読解と関わる課題としてのスピーキング活動を、(1) 読解活動中において黙読と音読には違いがあるか、(2) 音読の評価方法、(3) 読解活動後の課題としての再話、の3点から概説します。

文字(単語)を認識し、それを声に出す場合と出さない場合に、どのような違いがあるのでしょうか。高橋(2007)は、読み手の年齢や読解熟達度によって、黙読と音読の成績が異なるという研究結果を次のようにまとめました。

1. 小学校低学年を対象とした研究では音読のほうが優位(Elgart, 1978; Swalm, 1972)
2. 熟達度の影響を取り除いた分析を行った研究や、大学生を対象とした研究では、音読と黙読に差がない(McCallum, Sharp, Bell, & George, 2004; Salasoo, 1986；高橋、2007)

高橋(2007)は、この結果は、利用可能な注意資源の配分に起因すると考察しています。音読では、個々の単語を見落とさないようにしながら内容理解にも注意を払わなければなりませんが、黙読の場合には注意資源をどのようにでも配分することができます。そのため、一つ一つの単語に強制的に注意を配分する機能を持つ音読のほうが、単語の理解や構文の解析につまづいてしまうような熟達度の低い読み手にとってはよいということです。一方、熟達度の高い読み手は、そのような強制なしに注意を配分できるため、内容理解の面では音読と黙読に差がなくなると考えられます。た

だし、音読や read and look up を評価するさいには、このような内容理解の側面だけでなく、発音の上手さも成績に含まれるのが一般的であり、発音の上手さが内容理解を反映するとはかぎらないという議論もあります。

　では、音読をテストとして使用する場合には、どのような観点から評価することができるのでしょうか。日本人高校生を対象として、英語能力と音読力との関係を検証した宮迫（2002）は、評価の観点を、発音・アクセント、イントネーション、文節の区切り、全体的な内容の伝達の4つに分け、各観点につき5段階で採点する評価基準を使用しています（表4.2）。

表 4.2　音読テストの評価基準（宮迫、2002, p. 25）

評　価　基　準
1. 発音・アクセント
5. 発音・アクセントに問題はなく、パッセージの内容を正確に伝達している。
4. 誤った発音・アクセントが一部あるが、パッセージの内容をおおむね伝達している。
3. 誤った発音・アクセントはあるが、パッセージの内容を一応伝達している。
2. 誤った発音・アクセントがかなり多く、パッセージの内容の伝達に障害がある。
1. 誤った発音・アクセントが多く、パッセージの内容の伝達に大きな障害がある。
2. イントネーション
5. イントネーションに問題はなく、パッセージの内容を正確に伝達している。
4. 誤ったイントネーションが一部あるが、パッセージの内容をおおむね伝達している。
3. 誤ったイントネーションはあるが、パッセージの内容を一応伝達している。
2. 誤ったイントネーションがかなり多く、パッセージの内容の伝達に障害がある。
1. 誤ったイントネーションが多く、パッセージの内容の伝達に大きな障害がある。
3. 文節の区切り
5. 文節の区切りに問題はなく、パッセージの内容を正確に伝達している。
4. 誤った文節の区切りが一部あるが、パッセージの内容をおおむね伝達している。
3. 誤った文節の区切りはあるが、パッセージの内容を一応伝達している。
2. 誤った文節の区切りがかなり多く、パッセージの内容の伝達に障害がある。
1. 誤った文節の区切りが多く、パッセージの内容の伝達に大きな障害がある。

4. 全体的な内容の伝達
5. パッセージの内容を正確に伝達している。 4. パッセージの内容をおおむね伝達している。 3. パッセージの内容を一応伝達している。 2. パッセージの内容の伝達が不十分である。 1. パッセージの内容をほとんど伝達していない。

　Shimizu(2009)は、この採点基準について、(a)文節の区切りについて、英語教員間での評価者信頼性が高いこと、(b)評価者トレーニングを行うことによって一致度が高まることを示しています。また、Shimizuは、音読がよくできる学習者の中にも、内容理解が伴う場合とそうでない場合がある可能性にふれて、内容理解を伴う音読をしているかどうかを判別するために、表4.2の評価基準のうち、「文節の区切り」と「全体的な内容の伝達」の2つの観点に着目して、音読パフォーマンスを評価することを提案しています。

　Educational Testing Service(ETS)とFlorida Department of Educationの開発した英語学習者用の熟達度テストであるComprehensive English Language Learning Assessment(CELLA)では、音読の速さと正確さを評価基準としたReading Aloud for Fluencyテストを実施しています。Level Aでは30秒間、Level Bでは40秒間で個別に実施される音読テストで、0から4の5段階で評価されます(表4.3)。

表4.3　CELLAの評価基準(Educational Testing Service, n.d.)

得点	音読の流暢性評価基準
4	・30秒間で60語以上を正しく読んでいる 　(Level Bでは40秒間で90語以上) ・全体的に文を意味のあるまとまりで区切っている ・句読に対して注意を払っている ・抑揚などの表現方法を使っている
3	・30秒間で45語以上59語以下を正しく読んでいる 　(Level Bでは40秒間で75語以上89語以下) ・大部分の文を意味のあるまとまりで区切っている ・句読に対して注意を払っている

2	・30秒間で21語以上44語以下を正しく読んでいる （Level B では40秒間で61語以上74語以下） ・言いよどみ、単語での区切りがあり、意味のあるまとまりで読めていない ・句読に従って読むことができない
1	・30秒間で10語以上20語以下を正しく読んでいる （Level B では40秒間で25語以上60語以下） ・単語間に長いポーズを頻繁に入れる ・句読に従って読むことができない
0	・30秒間で10語未満しか正しく読むことができない （Level B では40秒間で25語未満） ・英語以外の言語で読んでいる
NR	応答なし

　エラーの判定基準として、bear を bird と発音するように、まったく異なる語として発音してしまう「代用」、fall を fell と発音したり、アクセントが誤ったりするというような、意味は認識されるが正確ではない「発音ミス」（ただし、他の英単語と混同されることがないケースは誤りとしない）、「削除」、「読み飛ばし」、「3秒以上の言いよどみ」が含まれています。ただし、エラーとしてカウントするのは、1つの単語につき1回とし、繰り返しや自己修正ができた場合にはエラーとカウントしないこととしています。これらの評価基準は、テキストの参照度合いが低くなる read and look up においても、使用することができます。特に、読み手による文節の区切り方に注目することによって、内容理解がともなっているかどうかを測ることができるでしょう。

　最後に、再話に注目します。再話は、読解または聴解後に、「どんな話だったのか、この話を知らない人に説明してください。話の中でどんなことが起こりましたか。ほかに覚えていることはありますか」（Golden, 1988; 甲斐、2008）という指示を与え、覚えている内容を、口頭で再生させる課題です。これは読み手の母語で行われる場合もありますが、本節では、目標言語（文章の言語）で行う場合に焦点を当てます。

　再話は、テキストを参照することのできない条件で実施されるため、読解力はもちろん、読んだ内容を自分の言葉で表現する、スピーキング力も

大きく関わります。

　甲斐(2008)は、日本人英語学習者を対象として、再話を行うさいの言語(日本語・英語)の影響を検証しました。この研究では、採点基準[1]としてアイディアユニットを使用し、どの程度のテキスト情報が再生されたかを調べています。その結果、情報の重要度にかかわらず、日本語のほうが、英語よりも多くの情報を再生できることを報告しています。

　一方、英語での再話を、内容理解を測るテストとして考えた場合はどうでしょうか。スピーキング熟達度との相関は、英語による再話($r = .53$)のほうが、日本語による再話($r = .48$)に比べてやや高くなっていますが、どちらの言語を使用した場合にも、読解熟達度と再話量には、中程度の相関($r = .65 \sim .66$)が得られたことを報告しています(甲斐、2008)。つまり、使用する言語にかかわらず、再話は内容理解を反映すると言えるでしょう。ただし、英語による再話活動があることを事前に知らせた場合には、読み手が、読解中に英語の表現を覚えようとするケースも報告されています。

　再話を行う場合、授業内で練習を繰り返すこと、そのさいに、原文通りの表現を使用しなくてよいことや、文章構成に注目することなどのポイントを教えておくとよいでしょう。

　文章理解を反映する再話ですが、スピーキングテストとして使用することもできます。Hirai and Koizumi(2009)は Story Retelling Speaking Test (SRST)として、次のようなテスト手順を提案しています。

1. 2分間で英文を黙読する。
2. 内容に関する3つの質問を音読し、それに対する回答を各40秒で話す。
3. 文を参照せず、2分間で再話を行う。そのさい、手がかりとして、固有名詞やストーリーの中で重要と思われる4つのキーワードが与えられる。また、自分の意見を含めるよう求められる。

スピーキング能力の測定を目的とする場合には、(a)文章理解の影響が低

---

　1)　アイディアユニットのほかにも、Irwin and Mitchell (1983)の5段階評価などの採点基準があります。

くなるよう容易な英文を用いること、そして、(b)記憶の影響が低くなる（手がかりとして与えたキーワードが活用される）ことが望ましいと言われています(Koizumi & Hirai, 2010)。

　これまでに挙げたように、再話といっても、リーディング能力測定テストとしての使用、スピーキング能力測定テストとしての使用のように、さまざまな目的があります。その目的に沿って、使用する文章（ジャンル、長さ、難しさ）を選択する必要があります。また、再話を読解後の活動として使用することによって、自己の文章理解についてモニターすることができるため、内容理解度が向上することも報告されています。テストとしてではなく、読解後の内容理解確認活動として取り入れることにより、リーディングとスピーキングの力の向上につながります。本書第8章には、再話活動の例が挙げられています。

3. リーディングからライティングへ

　本節では、読解と関わる産出課題としてのライティングを概説します。このライティングは、文章理解度とライティング力のどちらを測定しているのでしょうか。読解に関連したライティング課題は、大きく5つに分けられます（具体的な方法については75–77ページをご参照ください）。

(1) 理解した内容をそのまま書きだす筆記再生課題
(2) 要約された文章に必要な情報を書き足す要約完成課題
(3) 内容をまとめる要約課題（語数制限あり・なし）
(4) 原文を言い換えるパラフレーズ課題
(5) 理解した内容をもとに自分の考えを書く批評課題（感想文やエッセイを含む）

　図4.4は、上記5つの課題を、言い換えの必要性の有無、作文をするさいの語数制限の有無、自由度の高低によって分類しています。もちろん、語数制限の有無や自由度などの指示の与え方によって、図4.4の分類に適合しない場合があります。本節では、言い換えの必要性の有無と、語数制限の有無、この2つの観点からリーディングとライティングをつなぐ課題

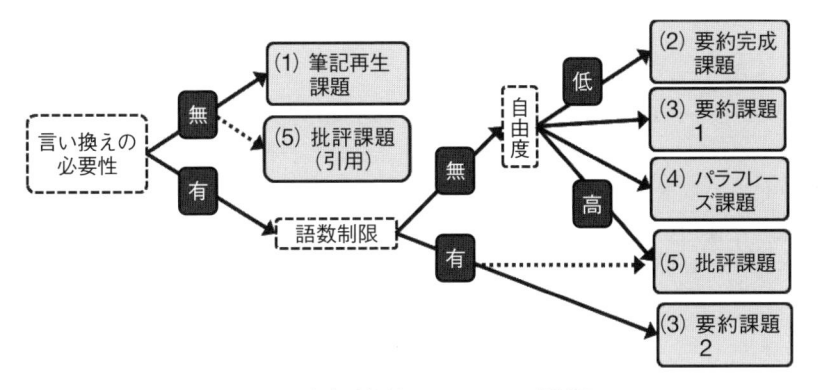

図 4.4　文章読解後のライティング課題

を検討します。

　筆記再生課題は、文章を読んだあと、その文章を参照せずに、内容を思い出せるかぎり書きだす課題です。質問項目を提示する読解問題で生じる、テスト項目の影響（質問文や選択肢が理解を助けたり、阻害したりすること）がないという利点があります。また、必ずしも原文通りに筆記再生する必要はなく、採点では内容が重視されます。得点を与える単位（アイディアユニット、節、文など）につき、ある程度の情報が含まれていれば、その単位に得点を付与する方法がとられます。

　筆記再生課題は、多くの場合、読み手の母語で行われますが、目標言語で行うこともできます。筆記再生課題が目標言語で行われる場合には、(1) 初級や中級学習者では、読解力に加えてライティング能力の影響が大きく（Lee, 1986）、(2) 上級者では、読解力そのものの影響が大きい（Brantmeier, 2006）ことがわかっています。また、再生情報には、原文から言い換えられた情報が含まれますが、読み手自身が意図したものとは言えません。言い換えを意図的に行わせる課題には、要約課題やパラフレーズ課題があります。

　要約課題では、語数制限がない場合であっても、文章を約3分の1程度に短くすることが一般的です（Kletzien, 2009）。要約プロセスは、大きく3つの段階に分かれます：(1) 不必要な情報、詳細情報、余剰な情報の削除、(2) 複数の情報の統合・一般化（上位表現への置き換え）、(3) トピックセン

テンスの明確化(a. 選択、b. 構築)です。[2]

　主にリーディング力が関わるのは、上記(1)と(3a)です。Winograd(1984)は、選択する情報に、読み手の熟達度の差が見られることを報告しています。つまり、読解熟達度によって重要度の判断に違いが生じ、それが情報の取捨選択に影響を及ぼすのです。このことから、英文読解後に作成した要約を採点するさいに、得点単位(アイディアユニットや文など)の重要度を教員が判定しておき、重要な情報が含まれているかを確認することによって、理解度を測定することができます。また、各得点単位の重要度に応じて、得点に重みづけを行うこともできます。

　一方、主にライティング力が関わるのは、先に挙げた要約の3段階のうち、(2)と(3b)です。複数の情報をどのように言い換えるか、そして、明示されていないトピックセンテンスを作成することができるかどうかが関わります。たとえば、母語による要約スキルの発達を調査した研究(Cordero-Ponce, 2000; Hidi & Anderson, 1986)では、明示された情報を理解し要約に含める能力に比べ、複数の情報をまとめたり、明示されていないトピックセンテンスを生成したりする能力のほうが、遅れて発達することが示されています。また、日本人英語学習者(大学生)を対象としたUshiro et al.(2008)は、母語による要約であっても、パラグラフ間をまたぐ情報の統合が困難なことを示しています。Brown and Day(1983)は、語数制限の長さが、暗示的情報を要約中に含めるかどうかの決定要因であると述べています。一度作成した要約をさらに短くするというような、段階的な要約課題を行うことにより、情報の取捨選択のみならず、情報の統合スキルを磨くことができます。

　要約課題をテストとして実施するまえに、パラフレーズ課題などの十分な練習を行う必要があります。このような練習は、理解した内容をもとに自分の考えを書く批評課題にも有効な課題です。批評課題は語数制限がないことから、要約と比べ自由度があります。

　パラフレーズ課題は、情報の取捨選択を読み手自身がする必要がないこ

---

2) Brown and Day(1983)は、要約規則を6つに分類しています：不必要な情報や詳細情報の削除、余剰な情報の削除、複数の項目をその上位語に置き換える、一連の動作をその上位表現に置き換える、トピックセンテンスがある場合にそれを抜き出す、トピックセンテンスがない場合にそれを作る。

とから、要約課題よりも易しいと言われています(Kletzien, 2009)。Odean (1987)はパラフレーズスキルを高めるために、文章の一部を用いる練習方法を提案しています。それが、(1)簡略化、(2)要点の抽出、(3)語のグループ化、です。1つ目は「次の文と同じ内容を示す文を選びなさい」という指示で行う、選択式の活動です。2つ目は「次の文で述べられている情報のみを使い、3つの単文を作成しなさい」という指示で行う活動です。これは、英文タイトルをつけるというような、一文要約課題にも発展できる課題です。3つ目は、文を語のまとまりごとに区切る活動です。統語構造を理解することが文の要素を抜き出す前提となることから、この課題が実施されます。

以下に、これまでに挙げた課題の例を、Odean の英文を用いて示します。

A child // who witnesses parental attempts // to solve problems // or release frustrations // through aggressive behavior // is likely // to incorporate this // into his // or her own behavior. // If being abused as a child // does in fact // lead to aggressive behavior, // the seeds of this cycle may be manifested // early in life relationships // with peers // and/or siblings, // and, when greater strength is gained, // in confrontations with parents // or caretakers.

文中に含まれる記号(//)はアイディアユニットの区切りを示しています。区切り方の基準は次の通りです。

(1) 節を基本的な単位とする(Carrell, 1985)
(2) 不定詞構文、動名詞、名詞化した動詞句、接続詞も独立したアイディアユニットと見なす(Carrell, 1985)
(3) 次の場合は1つのアイディアユニットと見なす：① 単一の定形節(主節、従属節、副詞節、関係節)、② 不定詞、③ 動名詞、④ 分詞構文、⑤ 重い前置詞句(3語以上の前置詞句) (Ikeno, 1996)

それぞれのアイディアユニットの3分の2以上の情報が再生されていた場合、そのアイディアユニットに得点がつきます。この、3分の2以上というのは、やさしい基準ですが、厳しく採点した結果と高い相関があるこ

とも示されており(Ushiro et al., 2007)、学習に対する動機づけなどを考えると、やさしい基準での採点がよいかもしれません。

以下、読解後のライティング活動を行うさいの指示の仕方などをまとめておきましょう。

・**筆記再生課題**(初・中級者の場合には、ライティング力が大きく影響)
指示： Write down what you remember about the (content of the) passage in English, without looking back at the passage.
採点： 各アイディアユニットの約3分の2以上が産出されていれば、ポイントを与える。

・**要約課題**(語数制限により、情報の統合が促進される)
指示： Summarize the passage (in your own words / in X sentences / in X words).
採点： 重要な情報(トピックセンテンス)が含まれているか。語数制限内で、重要なアイディアユニットをいくつ含めているか。削除、一般化、選択、構成などの要約規則を使用しているか。

・**一文要約課題／パラフレーズ課題**(要点の抽出)
指示： Give a title to the passage. / Write three simple sentences using only the information provided in the sentence.
解答例(第1文のみを提示した場合)：
 (1) A child who saw parents' aggressive behaviors may become violent.
 (2) Parents' violent behaviors are likely to make a child behave violently.
 (3) If a child sees his parents use violence, he or she will probably learn to be violent.

・**パラフレーズ課題(簡略化)** (記述式にすることで難易度が高くなる)
指示： Identify the statement which has the same meaning as the following.
 a) Parents usually respond to violent children by using violence.
 b) If a child sees his parents use violence, he or she will probably learn

to be violent.
c) If a child is violent, it is because his or her parents are violent.

・**文完成課題**（文完成、単語穴埋め、要約完成など）（Nation, 2009 参照）
指示： Complete sentences by filling the empty spaces.
例①： If being abused as a child lead to aggressive behavior, ＿＿＿＿．
例②： A child who witnesses ＿＿＿＿ attempts to solve problems or release frustrations through ＿＿＿＿ behavior is likely to incorporate this into his or her own behavior.
例③： If a child sees his ＿＿＿＿ use violence, he or she will probably learn to be violent.

・**批評課題**（指示の出し方や解答例の提示によって、自由度や難しさを調整することができる）
指示： Do you agree or disagree with this statement? State your opinion on the relationship between parental behavior and child behavior problems.

上記の課題以外にも、ライティングへ結びつける活動には、ジャンル分析（Hyland, 2009）などがあります。これは、批評や論文の要約などの、特定のジャンルにおける修辞構造を、学習者自身が分析することです。観察して発見した修辞構造を作文へ応用する活動により、オーセンティックな言語使用を学ぶことができます。さまざまな活動を通して、受容する力から産出する力へとつなげたいものです。

第5章

▼

テスト得点解釈の留意点

　これまでの章で、英語リーディングテストで測定されている能力やテスト形式について取り上げました。テストにはさまざまな種類があり、リーディング力を測るために、多くのテストが行われています。教育現場では、小テスト、定期テスト、実力テスト、入試、プレイスメントテスト(クラス分けテスト)などがあります。一般社会においてはさらに、TOEIC(Test of English for International Communication)、TOEFL(Test of English as a Foreign Language)、英検などのリーディングセクションが、リーディング力の伸長や教育効果を測るために用いられています。テスト作成者の関心事の一つは、生徒間で得点が異なるか、指導することでテスト得点が伸びているか、などでしょう。英語力の伸長は短期的には観察しにくいものですが、学生の英語力の変化はやはり気になるものです。

　では、テスト得点にどの程度の変化があれば、実質的にリーディング力が伸びた(または下がった)と言えるのでしょうか。80点から85点への上昇、70点から65点への下降はそれぞれリーディング力の変化を示すのでしょうか。本章では、普段何気なく使われているテストを対象とし、テスト得点を解釈するさいの注意点について述べます。そのために、テスト得点は多くの誤差を含む不完全なものであることをまず検討します。そして、誤差を考慮したうえで、テスト得点の変化に基づき、リーディング力の伸びをより正確に解釈する方法を紹介します。

---

1. リーディングテスト得点はリーディング力を完全に反映しているわけではない

　100点満点のリーディングテストを実施したところ、Aさんは80点、B

君は85点を取りました。B君はAさんよりもリーディング力が高いと言えるでしょうか。5点差では判断できなければ、Aさんが80点、B君が90点ならばどうでしょうか。テスト得点にどの程度の差があれば、実質的にリーディング力に違いがあると言えるかについては、実はいろいろな考え方があり、答えるのが非常に難しい問いです。研究論文では統計的有意性検定(t検定など)を使って答えることが多いですが、それ以外にも方法があります。ここでは「測定の標準誤差」(standard error of measurement)を使って考えてみましょう。

68％の確率での点数のばらつきを出す場合：
測定の標準誤差＝標準偏差×$\sqrt{1-信頼性}$ 式1

「測定の標準誤差」は、誤差による点数のばらつきを意味します。「標準偏差」は、テスト得点のばらつきを示す指標です。標準偏差が大きいほど、得点分布が広く、低い得点から高い得点まで幅広い得点の生徒がいることを意味します。「信頼性」は、テストの中で、類似した知識・能力をどのくらい一貫して測っているかを表します。通常は0.0から1.0の値を取り、1.0に近いほど好ましいとされます。たとえばリーディングテストの信頼性が高いほど、テストの項目間で類似したリーディング知識・能力を測っているということができます。上記の「測定の標準誤差」は、68％の確率での点数のばらつきを示します。たとえば標準偏差が20点、信頼性が0.8の場合、測定の標準誤差は8.94点です($20 \times \sqrt{1-0.8}$)。得点差が±8.94点の範囲であれば、テスト得点の違いは68％の確率で誤差の範囲と言えます。上述のAさんが80点、B君が85点のときは、得点差の5点は誤差の範囲であると言えます。なお、68％よりもいっそう厳密な違いを求めたいときは、式1に1.96を掛けた式2を使い、95％の確率での点数のばらつきを計算することができます。なお、標準偏差と信頼性の計算方法は、靜(2007)、中村(2002)、山森(2004)などで紹介されています。

95％の確率での点数のばらつきを出す場合：
測定の標準誤差＝1.96×標準偏差×$\sqrt{1-信頼性}$ 式2

主要テストの測定の標準誤差は発表されていることが多く、テスト得点とともに用いることで解釈が深まります。たとえば、TOEIC について見てみましょう。TOEIC は大学でのプレイスメントテスト（クラス分けテスト）や企業研修などで幅広く使われているテストです。リスニングとリーディングのセクションからなり、ともに 495 点満点、トータルスコア 990 点満点です。TOEIC の測定の標準誤差（Educational Testing Service, 2007, 2008）は、リスニング・リーディングではともに 68％ の確率で ±25 点、95％ の確率で ±49 点（±25×1.96）です。リスニング・リーディングの両セクションをあわせたトータルスコアで考えると、68％ の確率でのスコアのばらつきは ±50 点、95％ の確率でのスコアのばらつきは ±98 点（±50×1.96）です。たとえば、C さんと D 君の TOEIC のトータルスコアがそれぞれ 350 点と 400 点の場合、50 点差は誤差の範囲と考えることができます。もし 350 点と 500 点であれば、150 点差ですから、誤差ではなく実力差であると結論づけることができるでしょう。

　さて上記では、「同じテストを受けた異なる生徒の間での得点」を比較するさいの留意点について考えました。さらに、測定の標準誤差と同様の概念を用いることで「同じ生徒がテストを何度も受けた時の得点」を比較することもできます。そのためには、「測定の差の標準誤差」（standard error of difference）を使います。

　　68％ の確率での点数のばらつきを出す場合：
　　測定の差の標準誤差 ＝ $\sqrt{2}$ × 標準偏差 × $\sqrt{1-信頼性}$ ．．．．．．．．．．．．．．．．．**式 3**

式 3 は、式 1 に $\sqrt{2}$ を掛けあわせた式です。2 つのテストそれぞれに誤差があるため、誤差が大きくなっています。テストの信頼性は、1 度目に実施したテストの信頼性を使います（詳細は Harvill, 1991 を参照）。たとえば標準偏差が 20 点、信頼性が 0.8 の場合、測定の差の標準誤差は 12.65 点です（$\sqrt{2}×20×\sqrt{1-0.8}$）。得点差が ±12.65 点の範囲であれば、テスト得点の違いは 68％ の確率で誤差の範囲と言えます。英語が苦手な受験生の E 君は、挽回するため、夏休みに意欲的に英語リーディングの自主学習に取り組みました。夏休み開始前のテストで 30 点、終了後の同じテストで 45 点を取ったとすると、得点の伸びは誤差の範囲を超えており、自主学習の

成果はあったと言えます。なお、68％よりもいっそう厳密な違いを求めたいときは、式3に1.96を掛けた式4を使い、95％の確率での得点の変化を計算することができます。

　95％の確率での点数のばらつきを出す場合：
　測定の差の標準誤差 ＝ $1.96 \times \sqrt{2} \times$ 標準偏差 $\times \sqrt{1 - 信頼性}$ **式4**

「測定の差の標準誤差」を用いることで、テストを繰り返し受験したときの得点の変化をより適切に解釈することができます。たとえば、TOEICの測定の差の標準誤差（以下すべてEducational Testing Service, 2007, 2008）は、リスニング・リーディングともに68％の確率で±35点、95％の確率で±69点（±35×1.96）です。リスニング・リーディングの両セクションをあわせたトータルスコアで考えると、68％の確率でのスコアのばらつきは±70点、95％の確率でのスコアのばらつきは±138点（±70×1.96）です。たとえば、Fさんのプレイスメント時のTOEIC得点が350点、学期終了時の得点が500点だったとしましょう。得点差が150点ですから、誤差ではなく、Fさんの実力が伸びたと言えそうです。なお、「測定の標準誤差」と比べると、「測定の差の標準誤差」は主要テストであっても公開されていないことも多くあります。その場合でも、標準偏差とテストの信頼性か「測定の標準誤差」がわかれば「測定の差の標準誤差」が計算でき、得点差をより正確に解釈するための手助けになるでしょう。

　なお、「同じ生徒がテストを何度も受けた時の得点」の変化を調べることは、「同じテストを受けた異なる生徒の間での得点」を比較することよりもはるかに難しい問いです。なぜなら、さまざまな要因が複雑に絡み合うからです。たとえば、E君の得点の伸びは、(a)夏休み中の自主学習のため、(b)まったく同じテストを2度実施したのであれば、E君が単にテスト内容を覚えており、最初のテスト後に答えを確認したり、最初のテストより早く解くことができたりしたためかもしれません。(c)夏休みの開始前と終了後に異なるテストを使った場合には、終了後のテストのほうが簡単だったために点数が上がった可能性もあります。(c)の要因を排除するには、同一のテストを使う方法が一般的ですが、類似した内容のテストを複数作り（平行テスト［parallel test］）、項目応答理論（item response theory）を使いテス

ト間の難易度を等しくする(もしくは調整する)ことでも対処できます。平行テストだと各テスト内容は異なるため、(b)による記憶の影響もいくぶんかは排除することができます。ただ、平行テストの作成には多大な労力がかかり、項目応答理論を適切に使うには専門的知識が必要です。そのため、より実用的な方法としては、TOEIC, TOEFL, SLEP (Secondary Level English Proficiency)などの、すでに平行テストとして作られており、得点が同じ尺度上で表され、比較できるテストを使うことが挙げられます。これらのテストはすべて Educational Testing Service (ETS)が開発し、平行テスト間で内容および難易度が等しくなるように調整されています。もちろん、英語力の伸びを測るために、これらのうちどのテストを使用することが適切かは慎重に検討する必要があるでしょう。TOEIC はビジネスに関連した内容も含み、TOEFL は留学希望者向けのテストであり、TOEIC と SLEP はリスニングとリーディング力のみを対象としており、SLEP は TOEIC や TOEFL よりも簡単なテストだからです。

2. 平均点への回帰現象

　さて、上記で E 君は夏休み開始前が 30 点、終了後が 45 点だったことから、得点の伸びは誤差の範囲を超えており、自主学習の成果はあったようです。一方、英語が得意で猛勉強もした G 君の得点は、夏休み開始前が 90 点、終了後が 75 点でした。得点差が ± 12.65 点の誤差の範囲を超え、夏休み前後で得点が下がってしまいました。なお、夏休み前後に実施したこれらテストの平均点がともに 60 点であり、その点数と比較すると、E 君は得点が上がり平均点に近づき (30 点 → 45 点)、G 君は得点が下がり平均点に近づいています (90 点 → 75 点)。E 君の得点が伸びるのは努力の証と解釈しても、同じく努力した G 君の得点が下がるのは奇妙に感じられるかもしれません。実はこれは、回帰効果 (regression to the mean effect) と呼ばれる現象です。事前・事後テストなど複数の時点でデータを得た場合、事前に平均点から離れているデータほど、事後に平均に近づく傾向があります。回帰効果は日常的に見られる現象です。たとえば、(a)身長の高い両親を持つ子どもは、親ほどは高くない、(b) 1 年目に活躍したスポーツ選手は、2 年目は 1 年目ほど活躍できない、(c)中間テストで成績がよい生徒は、次

第5章　テスト得点解釈の留意点　83

のテストではそれほどよくないなど、回帰効果で説明される現象は多くあります。

回帰効果をより詳しく見るために、464名の夏休み前後の同一テストでの得点を表5.1にまとめました。上述した100点満点のテストでは表が大きくなりすぎるため、10点満点の別のテストで説明します。夏休み前後でリーディング力が伸びた生徒も、伸びなかった生徒もいると仮定します。

表5.1　夏休み前後のリーディングテスト得点

		終了後											後—前
		0	1	2	3	4	5	*6	7	8	9	10	平均	
開始前	10						4	4	6	2	8	10	8.06	-1.94
	9						6	6	4	14	5	2	7.32	-1.68
	8					4	7	14	2	3	8	6	6.93	-1.07
	7					4	3	5	8	8	7	7	7.48	0.48
	6				4	1	11	4	4	6	2	6	6.55	0.55
	*5				9	6	3	9	8	4	7	5	6.29	1.29
	4			2	5	12	2	8	7	4	1	9	6.10	2.10
	3			5	8	3	7	4	4	6	5		5.38	2.38
	2		4	3	6	1	2	9	7	3	6		5.60	3.60
	1		5	5	2	10	5	1	7	4			4.44	3.44
	0	4	6	9	5	4	4	1	5	6			3.73	3.73

縦軸は開始前のテスト得点を、横軸は終了後のテスト得点を表します。たとえば、開始前のテスト得点が10点で、終了後のテスト得点が5点の生徒は4名いました。開始前のテストの平均点は4.86点、終了後のテストの平均点は6.13点、両者の相関は0.46です。右から2列目の平均点は、開始前のテスト得点ごとに、終了後のテスト得点の平均を求めたものです。たとえば、開始前のテスト得点が10点の生徒は、終了後のテストでは平均8.06点でした（[5×4+6×4+7×6+8×2+9×8+10×10] / [4+4+6+2+8+10] = 274/34）。開始前・終了後のテストともに、平均点に最も近い得点に、表中ではアステリスク（*）をつけました。

最右列は、終了後の得点から開始前の得点を引いたもので、前と後での点数の変化を表します。この値から、開始前に平均点から離れている生徒では、終了後に平均点に近づいていることがわかります。たとえば、開始前に0点の生徒は、終了後は平均して3.73点の成績で（3.73点の伸び）、1

点の生徒は、終了後は平均して 4.44 点の成績でした（3.44 点の伸び）。逆に、開始前に 10 点の生徒は、終了後は平均して 8.06 点の成績で（1.94 点の低下）、9 点の生徒は、終了後は平均して 7.32 点の成績でした（1.68 点の低下）。換言すると、開始前のテスト得点が平均点以下だと、終了後のテスト得点は上がることで平均点に近づき、開始前のテスト得点が平均点以上だと、終了後のテスト得点は下がり、ともに平均点に近づいています。例外は、開始前のテスト得点が 6 点、7 点と平均点以上であっても、終了後のテスト得点は下がることなく逆に 6.55 点、7.48 点と上がっていることです。ただ全体的には、開始前のテストで平均点より低ければ終了後のテストは上がり平均点に近づき、開始前のテストで平均点より高ければ終了後のテストは下がり平均点に近づくという回帰効果が見えます。なお、回帰効果はグラフ化すると、より顕著にわかります。以下のグラフは上述の表 5.1 とまったく同じデータですが、グラフ化することで夏休み開始前は最低 0 点から最高 10 点まで得点が分布していたのが（分布幅 10 点）、終了後は平均点に集中し、得点幅も最低 3.73 点から最高 8.06 点の範囲に収縮していることがわかります（分布幅 4.33 点[8.06 − 3.73]）。

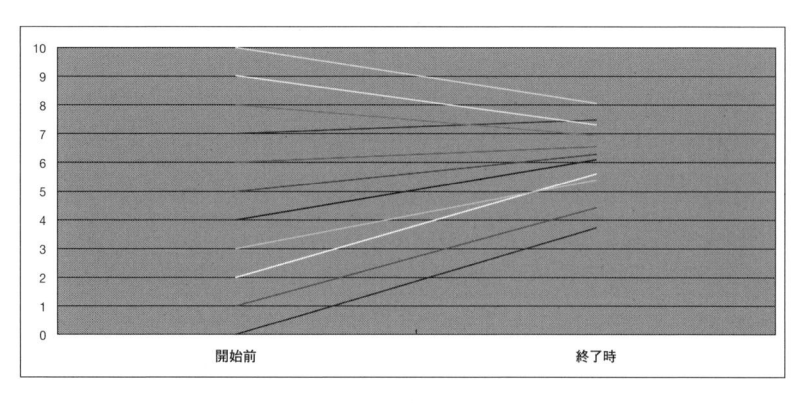

図 5.1　夏休み前後のリーディングテスト得点の変化

事前・事後テストなど複数の時点でデータを得た場合、回帰効果が非常に起こりやすいため、事後テストでの成績の変化は指導のためか回帰効果のためか、それとも両方の影響のためかわかりません。テスト得点を比べるだけでは、リーディング力の変化と回帰効果を区別できないため、誰の

リーディング力が伸びたのかを特定することは難しいのです。そのため、心理学・教育学・医学などをはじめとした多くの分野で、回帰効果に関する研究が多く行われています。では、回帰効果に対処するにはどうしたらよいと言われているのでしょうか。ここでは、データ収集前の対策を3つ、データ収集後の対策を3つ紹介します。データ収集後よりも、可能なかぎりデータ収集前に対策をとることが好ましいでしょう。なお、回帰効果への対処はやや専門的になりますので、以下の説明は回帰効果をきちんと数量的に検証したい方にのみお勧めします。それ以外の方には、回帰効果のために、英語力の伸びは単純にテスト得点の比較で判断することはできない、ということを念頭に置いてほしいと思います。

　第1のデータ収集前の対策は、データ収集方法を注意深く検討することです。具体的には、(a)実験群と統制群を設ける研究では、参加者を各群にランダムに割り当てる、各群の人数を等しくする、(b)統制群がなく、実験群のみの事前・事後テストデザインは避ける、(c)事前テストは必ず行うなどに気をつけます。第2に、受験者間でばらつきがあり、研究結果に影響を与える第3の要因がないかを検討し、前もって測定しておくことです。たとえば、実験群と統制群で英語学習に関する動機付けがあらかじめ大きく異なる場合は、研究結果の違いは動機付けのためか研究対象の要因のためかわからなくなってしまいます。そのため、データ収集後に共分散分析（ANCOVA）などで調整するために、第3の要因を測定しておく必要があります。第3の要因を考慮することで、測定誤差が減り、回帰効果が減ると言われています。第3の対策は、信頼性の高いテストを使うことです。信頼性が高く、テストの項目間で類似した知識・能力を一貫して測る程度が高いほど、結果として測定誤差が減るからです（e.g., Bonate, 2000）。同時に、平行テストなどの、相関関係が高いことが検証されているテストを使うことです。回帰効果は、2つのテスト間の相関が完全ではないために起こる統計上の現象だからです。相関関係が高いほど回帰効果は少なくなり、相関関係が低いほど回帰効果は大きくなります。上述した同じテストを実施した場合では、記憶の影響などが関わるため、夏休み前後のテストの相関係数は 0.46 と低く、回帰効果が起こりやすい状況でした。

　次に、回帰効果に対処するためのデータ収集後の対策を見てみます。第1に、回帰効果が見られるかを検討する方法として、視覚化と相関の検証

があります。視覚化するためには、データから上述した表およびグラフを作り、上記の記述のように検討します。視覚化することは、単純ですが非常に有効な方法です。また、「テスト得点の変化」と「事前テスト得点」の間に負の相関があるかを調べる方法もあります (e.g., Roberts, 1980; Rocconi & Ethington, 2009; Rogosa, 1995)。負の相関があれば、事前テストで得点が低いほど事後テストでは得点の伸びが大きくなり、事前テストで得点が高いほど事後テストでは得点の伸びが小さくなります。上述の表およびグラフで用いた夏休み前後のデータでは、−0.65 と大きな負の相関がありました。一方、Konno (2011) で相関係数が 0.32〜0.49 と正であったことを確認したうえで研究結果を論じているのは、回帰効果の可能性を排除するためでした。

　第 2 に、回帰効果が見られた時の対処法として、一人ひとりのデータに対し回帰効果の程度を計算し、実際の得点の変化が回帰効果を上回るかを調べる方法があります。回帰効果の程度は、式 5 を使って計算できます。

$$予想される事後テスト得点 = M_y + r(SD_y / SD_x)(X - M_x) \quad \text{………式 5}$$

式の要素	以下の例での値
M_y = 事後テストの平均点	6.13
r = 事前・事後テスト間の相関係数	0.46
SD_y = 事後テストの標準偏差	2.53
SD_x = 事前テストの標準偏差	3.07
X = 生徒の事前テストの得点	3
M_x = 事前テストの平均点	4.86

　たとえば、H さんは 10 点満点の夏休み開始前のテストで 3 点でした。平均点の 4.86 点を下回ったため、夏休み終了後のテストでは平均へ向かっての上昇が予想されます。予想される終了後のテスト得点は、式 5 を使って計算すると 5.4 点でした (6.13 + 0.46 (2.53/3.07)(3 − 4.86))。しかし、H さんの実際の終了後のテスト得点は 6 点で、予想される終了後のテスト得点の 5.4 点を上回りました。そのため、H さんの伸びは回帰効果以上に指導での伸びが大きかったと言えそうです。

第3に、共分散分析、共分散構造分析などの統計的手法を用い、回帰効果を除外してデータを分析することができます。分散分析と回帰分析をあわせた分析手法である共分散分析を使い、事前テスト得点や第3の変数の値を共変量として入れることで、それらの影響を調整したうえで、事後テスト得点を解釈できます(e.g., Bonate, 2000; Chuang-Stein & Tong, 1997)。また、共分散構造分析を使い、テストの測定誤差を統制したうえで、事後テスト得点をより的確に解釈することもできます(e.g., Kline, 2011)。

　これらデータ収集前後の対策はすべてCampbell and Kenny (1999, Chapter 10)でより詳しく紹介されています。なお、この他にも回帰効果への対策に関する研究が進んでいますが、マルチレベル[1]のような最新の分析手法を使ったとしても対処は困難と述べる文献(Marsh & Hau, 2002)もあります。しかし、上述した回帰効果への対策を用いることが、「同じ生徒がテストを何度も受けた時の得点」の変化を最も適切に解釈するための現時点では最善の方法だと思います。英語力が伸びたかどうかは簡単に言えない問題ですが、可能な調整をすることによって、より厳密に解釈できるのです。

---

[1]　階層性のあるデータに対して、階層ごとに分析を行うための手法。同じ生徒がテストを何度も受ける、1学年4クラス間のテスト得点を比べるさいなどに適用できます。前者では1人の生徒につき複数のテスト得点があり、後者ではクラスごとに生徒数分のテスト得点があります。マルチレベル分析では、このような生徒内での階層や、クラス内での階層を含めて分析できます。

第 2 部

英語リーディングテストの作り方

第6章
▼
中学校でのリーディングテスト
——授業と定期テストをつなげるために

　中学校で、生徒のリーディング力を測る問題とは一体どのようなものなのでしょうか。今まで、多くの学校では授業で取り扱った英文を使用し、空所補充や、並べ替え問題などを含む総合問題が作成されてきました。しかし、そういった問題の多くが、新出語彙や文法の知識理解のみを測る問題となっており、英文を理解する力を見たり、リーディングスキルなど、授業で教えたことについての理解度を測る問題とはなっていない場合がよくあります。また、「リーディングのテストでは、教科書で一度読んだ英文をテストに出すべきではない」と言われてはいるものの、定期テストですべて初見の文章を使用すると、生徒は指導と評価の関連性を理解することができないため、学習の意欲をなくしてしまうことも考えられます。

　この章では、中学校でのリーディングテストの問題の具体例を示し、その問題のねらいや、選択肢の作成のポイント、さらには授業との関連づけなど、テスト作成の留意点について言及します。また、PISA調査の読解力を測る観点を加味することで、どのようなリーディングテストを作成することができるかについても提案します。

1. リーディング力を測る問題形式と発問の具体例

　英語でリーディング力を評価する問題には、さまざまなタイプがあります。その代表的な例として、ここでは以下の3種類を取り上げます。問題文に関する問いに対して、数字や記号で答える問題(選択式や組み合わせ式問題)、英語を使って答えるか日本語を使うかのいずれかを指定されたうえで、簡単な語句や文で答える問題(ショートアンサー式問題)、さらに、本文の内容を要約したり自分の感想や意見を書いたりする問題(プロダクショ

ン式問題)です。

○下の英文を読んで、次の問題に答えなさい。

One of the most famous zoos in the world is the San Diego Zoo in California. It has more than 4,000 animals. Zoos are now better places for animals to live thanks to the San Diego Zoo.

At the start of the 20th century, all zoo animals were kept in small cages. The animals were not healthy and became sick easily. Most died when they were very young. When Doctor Harry Wegeforth started a new zoo in San Diego, he wanted the animals in his zoo to have more space. He built moats around open spaces. The animals could not run away because they could not cross the moats. In 1922, he made the first lion area without any fences in a zoo. At first, visitors were afraid the lions would attack them. But they soon learned that this new kind of zoo was both safe and exciting. Today, the San Diego Zoo has thousands of acres, and the animals have a lot of space.

Scientists at the zoo also try to learn more about animals to help the environment. They study many special animals such as pandas and tigers. They even return some of them to nature. Workers at the zoo grow many kinds of plants for the animals. For example, they grow 40 kinds of bamboo for the zoo's pandas to eat. Today, the zoo has the largest number of pandas outside of China.

Because of the San Diego Zoo, we understand more about animals and how to protect them.

(1) この英文のタイトルとして最もふさわしいものを1つ選び、記号で答えなさい。
ア　A Special Kind of Zoo
イ　How to Protect Animals
ウ　More Space for Animals in the Zoo
エ　Return Animals in the Zoo to Nature

(2) 次のア〜オを、本文の話の流れに合うように並べ替えて、左から順番に記号を書きなさい。
  ア　All zoo animals in the world died young.
  イ　Doctor Harry Wegeforth started a new zoo in San Diego.
  ウ　Scientists at the zoo study many special animals to help the environment.
  エ　Visitors became easy to see lions without fences.
  オ　Workers at the zoo grow many kinds of bamboo.
  　（　　）→（　　）→（　　）→（　　）→（　　）

(3) 英文の内容に関しての質問に、日本語で答えなさい。

What has made zoos better places for animals?

Why did most zoo animals die young at the beginning of the 20th century?

What was the idea of Doctor Harry Wegeforth to give the animals more space?

(4) 英文内容の概略を日本語50字以内で書きなさい。また、その内容の中から論点を1つ取り上げ、その論点について自分の意見を50字程度の日本語で書きなさい。
　　——実用英語技能検定試験第3級2010年度第2回検定一次試験第4問[C]より。ただし、問題文は除く。元々のテスト問題は194–196頁を参照。

〈解説〉
　この問題は、中学3年生に9月に実施した実力テストで出題したものです。この問題の出題の意図は、新学習指導要領で記載された指導内容「読むこと」のうち、
　（ウ）物語のあらすじや説明文の大切な部分などを正確に読み取ること。
　（オ）話の内容や書き手の意見などに対して感想を述べたり賛否やその理由を示したりなどすることができるよう、書かれた内容や考え方などをとらえること。
に関して、その達成度を測ることです。

読解力をより正確に測るためには、生徒が初めて読む文章をもとに問題を作成すべきです。普段使用している教科書の英文をベースにした問題では、すでに学習した内容（語彙・文法事項など）の記憶や定着度を測ることになってしまうからです。だからと言って、中学生の学習段階にふさわしい読み物資料を準備するのは容易ではありません。候補として挙げられるのは、他社（台湾・韓国など他国の教科書も含めて）の教科書、47都道府県の公立入試問題、英検を代表とする中学生向け検定試験などです。ここでは、英検3級の筆記試験を出典としました。

●質問(1)に関して（選択式問題）

　これは「説明文の大切な部分を正確に読み取るために、その要点をしっかりと把握する力があるかどうか」をみるための問題です。これを記述式で答えさせると、生徒自身が本文を読み取り10語程度にまとめることに必要以上に時間を費やしてしまうおそれがあります。さらに読解力というよりも、表現力（キャッチコピーを作る力）を問う比重が大きくなります。さらには、採点するさいの評価基準の作成と採点自体が容易ではなくなってしまいます。したがって、読解力としてタイトルを問う問題としては選択式の出題を選びました。

　選択肢の作り方としては、正解となるもの1つと、間違いとなるもの（錯乱肢）を3つ作ります。正解としては出典元の問題文のタイトルである A Special Kind of Zoo を、そのまま使用しました。錯乱肢のうち1つは、出典の文章のテーマをさらに一般化して記述したもの、残りの2つは、4つのパラグラフのうちどこか1つのパラグラフのみで示されている記述をもとに作成しました。この問題の正解は、アです。実際にアだけが4つのパラグラフ全体を包括するタイトルとなっています。一方、イは、この文章で取り上げている「動物園にいる動物」の範囲を超え動物一般を指し示しており、この文章のタイトルとしてふさわしくありません。ウとエは、それぞれ第2，第3段落の詳細情報の記述にすぎません。

●質問(2)に関して（組み合わせ式問題）

　これは「説明文の大切な部分を正確に読み取るために、その主張や理由・事実関係を、説明を展開していく流れの中で論理的にとらえているかどう

か」をみるための問題です。今回の新学習指導要領のキーワードである「文と文のつながりに注意して」読む活動ができているかどうかを測ることにつながるので、読解力の中枢を問う問題となっています。この問題の正解は、ア→イ→エ→ウ→オ　です。

● 質問(3)に関して(ショートアンサー式問題)

これは「説明文の大切な部分を正確に読み取るために、その論を展開するうえで重要な詳細情報を的確に読み取れているかどうか」をみるための問題です。英語ではなく日本語で答えることで、読み取っているのに英語で表記(「書くこと」)する力が不十分なために間違ってしまうということを避けるようにしました。このショートアンサー式の問題は、詳細情報を素早く見つけ出すことができるかどうかという点、読解技能のうちスキャニングやスキミングの正確さ・的確さを測定するのに適していると言えます。

● 質問(4)に関して(プロダクション式問題)

これは「話の内容や書き手の意見などに対して感想を述べたり賛否やその理由を示したりすることができるよう、書かれた内容や考え方をとらえることができるかどうか」をみるための問題です。限られた時間でこの問題をこなすのは容易ではありませんが、まとまった分量のある英文を重要な事柄とそうではない事柄とに分類しながら、論理的に読み取っていくことが要求されます。まさに読解力そのものを測定することになります。ただし、このプロダクション式の問題は、採点のさいの評価基準の作成と評価に時間がかかることに難が残ります。テストとして実施するほかに、レポートとして作成させ評価する方法と併せて行うことも勧められます。

● 選択式問題作成時の留意事項

(1) 生徒がテストされている知識や能力がなくても解答できるようなヒントを与えないようにします。

例）　Around 1900, all zoo animals were in an ＿＿＿ environment because of their cages.
　　ア　natural　イ　open　ウ　uncomfortable　エ　good

この問題では、下線部の前に置かれた冠詞 an によって、本文の内容を理解できていなくても、正答の可能性が2つに絞られてしまいます。an に続く単語は母音の発音である単語だからです。この問題が本文の内容理解を問う問題であるかぎり、文法的知識の有無を混在させてはいけません。

(2)　すべての錯乱肢が本当らしく見える工夫をします。

> 例)　The lions in the San Diego Zoo did not attack visitors because of ＿＿＿＿．
> 　ア　moats　イ　fences　ウ　cages　エ　trains

　この場合、選択肢エは、本文をじっくり読まなくてもすぐに候補から外すことができてしまいます。本文にまったく登場することもなく、文脈にも関係しないからです。その結果、生徒は正答が本当にわからなくても正しく答える可能性を大きくすることになってしまいます。正答を4つではなく、3つの選択肢から選ぶことになるからです。

2. 授業とリンクする定期テストのリーディングテスト

　「一度読んだことがある文章で、リーディング力を測ることはできない」というのが英語教育界の定説とされています。たしかに教科書を暗唱することは、英語学習の有効な手段ではあります。しかし、教科書の文章(またはその日本語訳)を丸暗記すれば答えがすべてわかってしまうテストは、リーディングの技能を測るものとは言えません。一方で、学校におけるいわゆる定期テスト(≠実力テスト)とは、生徒に対して学習意欲を喚起する意味も持ち合わせています。すなわち、まったく読んだことのない文章が出題され、授業で扱った事柄がテストに出ないとなれば、生徒は「学習内容とテスト内容が一致しない」と文句を言い、授業に参加しなくなる可能性があります。実際の定期テストでは、教科書の原文がそのまま出題されるか、教科書の内容とは離れた、まったく読んだことのない文章が「実力問題」と称して出題されていることが多いようです。理論と現場の実情の乖離であり、矛盾でもあります。

　授業で扱った内容が反映され、かつ、授業で読んでいない文章を用いて

リーディングの能力を測定するテストにはどのようなものがあるでしょうか。それは「どのような問いを含めるか」という以上に、「どのような文章を用いるか」ということが大きなポイントとなります。以下の文章を例として、その方法を検討します。

> お茶の水博士が、将来のロボット社会について話してくれます。
> What's your image of a robot? Astro Boy? Asimo?
> Japanese scientists are very good at making human-like robots. In the future we will probably need many robots. They will help us with cooking, cleaning, and many other things.
> Making robots can be fun. You'll enjoy trying it.　　　(47 words)
> ──*One World English Course 2*(平成 18 年度版、教育出版)、
> 　　　　　　　　　　　　　　　　　　Lesson 2 "Robocon" より。

教科書準拠のワークブックなどには、次のような問題をよく見かけます。

(1) (In the future を空欄にして)空欄に「将来は」という意味になるよう、3 語の英語を入れなさい。
(2) You'll enjoy trying it. の it は何を指しているか。英語 2 語で答えなさい。
(3) 次のア〜ウのうち、文章の内容に合っているものを 1 つ選びなさい。
　　ア　Japanese scientists will make Astro Boy.
　　イ　We will not need so many robots.
　　ウ　Robots will help us with many things.

(1)は明らかに語彙に関する知識を問う問題であり、リーディングの力を測定している問題ではありません。(2)は文章全体とその訳を丸暗記していれば答えられます。(3)も同様に、文章全体を暗記していれば、文章を読むことなく、選択肢のみを読めば答えを導き出すことができます。これらの問題すべてがよくないというわけではありませんが、このような問題が「読解力を測る問題」として出題されていることに問題があります。

そこで、教科書の文章とは異なる文章をテストに出題するさいの方法を3つ紹介します。

方法1　教科書の内容をパラフレーズする

文章の見た目を変えるために使われる方法には次の2つがあります。
(1)　ダイアローグをモノローグに、またはモノローグをダイアローグに書き換える。
(2)　文章中に登場する語句を類似した意味の別の語句に置き換える。

(1)は検定教科書の教師用指導書に掲載されていることがあり、(2)は文章中にターゲットとしたい文法や語彙がある場合に用いることができます。

> Dr. Ochanomizu:　What's your image of a robot?
> Aki:　Well,... Asimo... or Astro Boy.
> Dr. Ochanomizu:　Japanese scientists are good at making human-like robots. In the future we will probably need many robots.
> Aki:　What can robots do?
> Dr. Ochanomizu:　Some robots can cook and others can clean. They will help us with many other things.
> Aki:　Really?
> Dr. Ochanomizu:　Making robots can be fun. You'll enjoy trying it.

このようなダイアローグを使用すると、教科書と同一の文章は避けられるという長所がある一方、表現が変わっただけで、内容はまったく変わらないので、「教科書丸暗記」や「全訳丸暗記」で対応できてしまう、という短所もあります。

方法2　教科書の内容に関連した別題材のテキストを使用する

中学校の教科書にある文章自体はさほど分量があるわけではありません。生徒が読む量を増やすため、教科書の題材に関連した自作の文章を授業で補助的に読ませることもあります。それをテストに用いることが可能です。上の例の文章であれば、次のような文章が考えられます。

> Many years ago, using a robot was just a dream, but now we often see robots. The history of robots is not very long.
>   In 1921, a Czech writer first used the word "robot." In 1927, an American company made the first robot. Its name was "Telebox." It worked with electric power. In 1928, Nishimura Makoto made the first robot in Japan. Its name was "Gakutensoku," and it was a human-like robot. It could move its arms or neck and change its face.
>   1982 was a special year in the robot world. Waseda University made a great one. It could walk with two legs! It was very difficult for robots before that.
>   After 2000, robots became very close to us. AIBO was a very popular robot. It was an animal-like robot and walked with four legs. It was like a toy or a pet. Many people bought it.
>   In the future, many of us will have a robot at home. Robots are very useful, and they will help us with many things.　　　（172 words）

　このような英文を使用すると、教科書とはまったく異なる内容の文章であり、生徒はワークブックの答えを丸暗記するなどの対応ができなくなる、という長所がありますが、一度読んだことのある文章が出題されることに変わりはない、という短所は残ります。

方法3　教科書のオーラルイントロダクションに含めた内容を文章に盛り込む

　教科書の内容を生徒に理解させるために、生徒が持っている背景知識を引き出すインタラクションが教室内ではしばしば行われます。いわゆる「スキーマの活性化」というものです。このような活動を行うネタ探しには時間と労力を費やしますから、苦労して手に入れたこのネタを活かさない手はありません。理解を促進するための背景知識は、当然のことながら教科書本文には書かれていません。これを文字化・要約して問題文とするのです。

　これを実際に教室内でオーラルイントロダクションとして提示すると次のようなやりとりが考えられます。実際に教室で提示する場合には、内容を考えさせたり、語彙の確認のために日本語を使用したり、また語彙や表

現の定着のためにリピートさせたりする場面が多々ありますが、ここでは、テストに使用する文章につなげることを想定し、生徒とのインタラクションを簡略化して示します。

Look at these pictures.[1] What are they? <Robots.>[2] That's right.

The first one is Doraemon. Many of you know stories of Doraemon and Nobita. It is a cat-like robot. Doraemon helps Nobita with many nice tools such as "Takecopter" or "Small Light."

The second one is Tetsuwan Atom. Do you know his English name? <Astro Boy.> Yes, its English name is Astro Boy. Who made the stories of Astro Boy? <Tezuka Osamu.> That's right. About sixty years ago, Tezuka Osamu made stories of Astro Boy. He had a great power, and he had a lot of fights with bad people. Doraemon is a cat-like robot, but Astro Boy is a human-like robot.

The third one is a dog-like robot. It was popular some years ago. Do you know its name? < It's Yattah Wan.> Yes, that's right. Did you see it on TV? <Yes, I did. / No, I didn't.> They are all robots on animation films.

The last one is a human-like robot, too. Do you remember its name? <Asimo.> Yes, that's right. You saw this picture on the textbook.

Japanese scientists studied making robots very hard, so Japanese scientists are very good at making robots. Japanese robots are very good.

Now, robots help us and our life. Look at this picture.[3] This is a cooking robot. What can it make? It can make okonomiyaki. It helps us with cooking. Look at the next picture. Now this is a popular robot. Its name is Roomba. What can it do? <Clean.> That's right. It's a cleaning robot. It helps us with cleaning. How much is it? Do you

---

1) 見せる写真は①「ドラえもん」、②「鉄腕アトム」、③「ヤッターワン(アニメ『ヤッターマン』に登場する犬型ロボット)」、④「アシモ」の4つ。うち、②と④は教科書該当ページに掲載されている。
2) < >内は発問に対する生徒の答えの例を示す(以下同じ)。
3) 見せる写真は①「お好み焼きロボット」、②「掃除ロボット」。

know? I checked it on the Internet. It's 32,800 yen! 4,000,000 people in the world bought these robots. Now using a robot is not a dream. Robots can help us with many other things, too.
　Now everyone can make a robot. Look at this picture.[4] This is LEGO. Did you play with LEGO some years ago? <Yes, I did. / No, I didn't> You can make a robot with this kit. So a small child can make a robot! Dr. Ochanomizu said, "Making robots can be fun. You'll enjoy trying it." Is that right? <Yes.>

たった47語の英文はこれだけの分量に膨らみました。テストでは、これを要約して文字化(文章化)します。すなわち、生徒がテストで読むのは、「内容の一部は読んだことがあり、その大半は聞いたことがある」ものであり、「授業で先生が言っていたあの話か」ということになります。テスト作りの視点として、持っておかねばならないのは次の2点です。

・「授業がテスト(＝評価)に直結している」という感覚を生徒に持たせる内容の文章にすること
・リーディングの力をできるだけ正しく測定するために、教科書内では文字化されていない内容を多く盛り込むこと

その視点を持って、以下のようなテストを出題することができます。

　Japanese scientists studied making robots hard. They are good at making robots.
　Japanese comic writers made ① many stories of robots. About sixty years ago, Tezuka Osamu made stories of Astro Boy. He was a human-like robot. He had a great power and helped many people with the power. Doraemon is a very popular robot in Japan. He says, "I look like a cat, but I am a robot." He is a (②) robot. He helps Nobita with a lot of nice tools. Many of you read stories of Doraemon or saw them on TV.

---

4)　見せる写真はLEGO® Mindstormsの写真。

> Thirty years ago, we saw robots only in comic books or on TV. At that time, (　③　) was just a dream. But now, we can see ④ real robots, and they help us and our life. In sushi restaurants, robots make sushi, and we eat it. We can buy a cleaning robot for about 30,000 yen. Robots can change our life. Dr. Ochanomizu said, "Making robots can be fun. You'll enjoy trying it." His words were right. Now some small children enjoy making small robots with a kit. Everyone can make a robot.
>
> (179 words)
>
> (1) 下線部①について、その具体例として文章中にどのようなものが挙げられているか。英語で2つ書きなさい。
> (2) 文章中に登場する語を参考にして、(　②　)にロボットの「形状」を表す語を書きなさい。
> (3) (　③　)に入るべき最も適切な語句を、次のア〜エの中から選び、記号で答えなさい。
> 　　ア．using a robot　　イ．reading comic books about robots
> 　　ウ．making sushi　　エ．changing our life
> (4) 下線部④の例として挙げられているものについて、その性能を日本語で2つ書きなさい。

　方法1,2と比較すると、方法3では設問にオリジナリティを持たせることができ、かつ、教科書に即したものができます。教科書や授業とつながりのある出題を行ってこそ、生徒は積極的に授業に参加するようになります。このようなつながりのある授業と出題を行っていきたいものです。

3. リーディングテストにおける観点別評価

　中学校では観点別に評価が行われますが、リーディングテストではどのように各観点を評価できるのでしょうか。ここでは一般的に見られるテストにおいて測られる観点別能力について概観し、さらにより深くそれらの能力を測るようなテストが考えられないか、検討してみたいと思います。
　平成20年度版学習指導要領を踏まえて、各観点について4技能別に「評価規準に盛り込むべき事項」が提示されています。以下は各観点の「読む

こと」の評価規準に盛り込むべき事項をまとめたものです。

表 6.1　「読むこと」の評価規準に盛り込むべき内容

コミュニケーションへの関心・意欲・態度	外国語表現の能力	外国語理解の能力	言語や文化についての知識・理解
「読むこと」の言語活動に積極的に取り組んでいる。様々な工夫をして、読み続けようとしている。	英語を正しく音読することができる。英語で書かれた内容が表現されるように適切に音読することができる。	英語で書かれた内容を正しく読み取ることができる。目的に応じて英語を適切に読んで理解することができる。	英語やその運用についての知識を身に付けている。言語の背景にある文化について理解している。

国立教育政策研究所作成「評価規準の作成、評価方法等の工夫改善のための参考資料(中学校　外国語)」(2011年7月公示)より。

　それでは、中学校の定期テストでの読解問題において測られる観点別能力にはどのようなものがあるでしょうか。定期テストでは教科書の本文がテスト素材として利用されることが多く、すでに授業内で扱った文章素材を用いて問題が作成されるという前提で具体例を見てみましょう。ここでは中学2年生の教科書の中から会話文の素材を用います。

Namil:　Oh, these apples look delicious.
Jun:　　They're for apple bobbing.
Namil:　Apple bobbing?
Jun:　　Yes. You have to get a floating apple.
Yong:　That sounds easy.
Jun:　　But you mustn't use your hands.
　　　　You must only use your mouth.
Yong:　Do I have to put my face in the water?
Jun:　　Of course. That's the point!

Namil: OK. Let's have a try!
—*One World English Course 2*(平成 18 年度版、教育出版),
Lesson 4–3 "Halloween" より。

　一般的な定期テストでは以下のような問題が多いのではないでしょうか。配点 10 点のひとつの大問の例です。

次の英文を読んで後の問いに答えなさい。

Namil:　Oh, these apples look delicious.
Jun:　① They're for apple bobbing.
Namil:　Apple bobbing?
Jun:　Yes. You have to get a floating apple.
Yong:　② That sounds easy.
Jun:　But you ③ (　　　) use your hands.
　　　You ④ (　　　) only use your mouth.
Yong:　⑤ (I / my / have / put / to / do / face) in the water?
Jun:　Of course. ⑥ That's the point!
Namil:　OK. Let's have a try!

(1)　下線部 ① の they が指すものを英語で答えなさい。(2 点)
(2)　下線部 ② の that が指す内容を日本語で答えなさい。(2 点)
(3)　下線部 ③ と ④ に入れるのに適する語を以下の中から選び、それぞれ記号で答えなさい。(1 点×2 問)
　　ア　must　イ　had to　ウ　must not　エ　has to
(4)　下線部 ⑤ のカッコ内の英語を正しい順番に並べ替えなさい。ただし、文頭に来る語も小文字になっているので注意すること。(2 点)
(5)　下線部 ⑥ の that が指す内容を日本語で答えなさい。(2 点)

　おそらく授業が精読中心であればあるほど、しっかりとテストに向けての努力をした生徒が「報われる」ように、また授業内で確認したことを習得したかどうかを試すという意味でも、このように既習の文章を「深く」確認するタイプの問題が好まれがちです。

ではこのテストから測られる観点別能力にはどのようなものがあるでしょうか。まず、「コミュニケーションへの関心・意欲・態度(様々な工夫をして、読み続けようとしている)」には(3)の問題が相当するかもしれませんが、授業で内容をしっかり覚えた生徒ほど「様々な工夫」なしで読めてしまいます。「外国語理解の能力(英語で書かれた内容を正しく読み取ることができる)」については、(1)(2)(5)が相当すると思われますが、ここでの「内容」は文章全体のほんの一部です。英文全体の主題を考えるような設問を作ることはできないものでしょうか。また、「言語や文化についての知識・理解(英語やその運用についての知識を身に付けている)」には(3)(4)が当てはまりそうですが、本文を覚えている生徒については、本当に「運用についての知識」の力を測れているかどうかは疑わしいところです。

つまり、このタイプのテストの問題点として、記憶力と読解力のどちらを見たいのかが曖昧になってしまう点、細部を問う問題が多くなってしまう点などが挙げられます。さらに、勉強した生徒が報われるようにという配慮をしているにもかかわらず、勉強をしてきた生徒ほど物足りなさを感じて読む楽しみを味わえない可能性もあり、これも大きな問題と言えそうです。

そこでこのテストを以下のように変更してみました。本文の「付け足し」「変更」や、「まとめ」の問題の追加によってカスタマイズして、より多様な能力を測る試みです。

次の英文を読んで、以下の問いに答えなさい。

Namil: Oh, these apples look delicious. ① (　　　　　　　　)?
Jun: No, you can't. They're for apple bobbing.
Namil: Apple bobbing?
Jun: Yes. You have to get a floating apple.
Yong: That sounds easy.
Jun: But you must use your ② (　　　　) to get it.
　　　You mustn't use your ③ (　　　　) in this game.
Yong: Do I have to put my face in the water?

Jun: Of course. That's the point!
Yong: ④(　　　　　　　　) eat it all after I get it?
Jun: No, you don't have to, if you don't like apples.
Namil: OK. Let's have a try!

How to play apple bobbing.
1 Pour some ⑤(　　　　) into the bucket. (pour: 注ぐ)
2 Put some ⑥(　　　　) into the bucket.
3 You ⑦(　　　　) get the apple on the water, but you ⑧(　　　　　　) to get it. Instead, you have to get it with your mouth. (instead: そのかわり)

(1) 下線部①に入るセリフを英語で考えなさい。(1点)
(2) 下線部②と③に入れるのに適する語をそれぞれ選び、記号で答えなさい。(1点×2問)
　　　ア apple　イ mouth　ウ water　エ hands
(3) 下線部④に入るセリフを英語で答えなさい。(2点)
(4) 下線部⑤と⑥に入る英単語をそれぞれ答えなさい。(1点×2問)
(5) 下線部⑦と⑧に入る語句を英語で答えなさい。(⑦1点　⑧2点)

　2行目のJunのセリフNo, you can't.は「付け足し」で、①にはCan I eat them now?などが入ります。問い(2)の箇所が「変更」で、本文の内容を変えずに表現を変え、文法のポイントであるmustとmustn'tの区別ができるかをみる問題です。問い(3)も(1)と同様の「付け足し」で、YongとJunのセリフを新たに加え、答えは文脈とJunのセリフからDo I have toなどが入ります。問い(4)と(5)は本文の「まとめ」として加えたもので、本文全体の内容を考えて答える内容となっています。⑦と⑧は解答に自由度を持たせた、解答例がいくつかある問題です。
　これらの操作により測られる能力はどう変化したでしょうか。「コミュニケーションへの関心・意欲・態度(様々な工夫をして、読み続けようとしている)」については、問い(1)(2)(3)(4)(5)ともに、新たに加わったセリフや変更された表現を考えながら空欄に入る英語を考える必要があること

から、この力を測れていると言えそうです。また、問い(4)と(5)は文章全体の内容理解が必要で、「外国語理解の能力(英語で書かれた内容を正しく読み取ることができる)」を測れていると思われます。さらに「言語や文化についての知識・理解(英語やその運用についての知識を身に付けている)」に関しては、問い(2)と(3)はポイントとなる文法の知識に加えて文脈から考えて運用する力も測ろうとしています。

　ここで挙げた問題の改善例はあくまでもひとつの例にすぎず、他にも本文をある登場人物の視点からのモノローグにするなど、観点別能力を測るためのさまざまな工夫が考えられます。

　リーディングテストが観点別能力を正当に測れるものであればあるほど、生徒たちにとってそれは、楽しいテストになるのではないでしょうか。本来、「様々な工夫をして読み続ける」ことや「英語で書かれた内容を読み取る」ことは楽しい活動であるはずだからです。

　そして「読む楽しさ」を味わえた生徒ほど評価が高くなるようなテストこそが、その「読む楽しみ」を後押ししてあげられる、さらに読解力を伸ばしてあげられるテストになるのではないでしょうか。

4. PISA 読解力の観点を測る英語リーディング問題の試み

　PISA 調査における「読解力」は次のように定義されています。

> 自らの目標を達成し、自らの知識と可能性を発達させ、効果的に社会に参加するために、書かれたテキストを理解し、利用し、熟考する能力

　この調査は、義務教育を修了する 15 歳児が、その持っている知識や技能を、実生活のさまざまな場面で直面する課題にどの程度活用できるかを評価することを目的として行われています。したがって、学校で学んだことがどれだけ習得されているかを見るものではないということに注意する必要があります。

　PISA 調査の読解力の問題には次のような特徴があります。まず、読むテキストには、「連続型テキスト」と呼ばれている文章で表されたもの(物語、解説、記録など)だけではなく、「非連続型テキスト」と呼ばれている

データを視覚的に表現したもの（図、地図、グラフなど）も含まれます。加えて、教育的内容や職業的内容、公的な文書や私的な文書など、テキストが作成される用途、状況にも配慮されています。

さらに、読む行為の側面を以下の3つに分類しています。

・情報を見つけ出し、選び出し、集める。
〈情報へのアクセス・取り出し〉
・テキストの中の異なる部分の関係を理解し、推論によりテキストの意味を理解する。　　　　〈テキストの統合・解釈〉
・テキストと自らの知識や経験を関連づけたり、テキストの情報と外部からの知識を関連づけたりしながら、テキストについて判断する。
〈テキストの熟考・評価〉

また、出題形式は、選択式問題のみならず、記述式問題も多く取り入れられており、テキストを単に読むだけでなく、テキストを利用したり、テキストに基づいて自分の意見を論じたりすることが求められています。学習指導要領の指導内容に、上記PISAが求める3観点を加味して、身につけさせたい読解力を以下のように定義して問題を試作します。

1　テキストに書かれている情報を正しく読み取ることができる。
（情報へのアクセス・取り出し）
2　あらすじや大切な部分を読み取ることができる。
（テキストの統合・解釈）
3　テキストに書かれていることを知識や考え方、経験と結びつけ、自分の意見や感想を加えることができる。（テキストの熟考・評価）

以下の文章は、1945年、長崎で被爆し、自らも重症を負いながらも、被害にあった人々のために献身的につくした永井隆博士を題材にした話です。

> 下の英文を読んで、後の問いに答えなさい。
> In November, 1946, my father's sickness got worse. He had to stay in bed all day. So he wrote a book. Many of its readers came to see him.

In October, 1948, Helen Keller* came. She gave me a flower. I was very excited. I began to pull off the petals of the flower. "Kayano*," my father said. "What are you doing with the flower?" "Oh, I'm sorry! I pulled off all the petals," I said. But I was really very happy to see Miss Keller.

My father's book was read by many people. They began to send gifts. I thought that the gifts were for me. My father said, "Kayano, Urakami* is full of children like you. They lost their fathers and mothers. The gifts are for you and for them." He also said, "When you give a gift, give your best treasure. If you need that treasure later, God will give you another one." My father drew pictures. He sent them to thank people for the gifts. He sent them to people all over the world.

Urakami was like a desert. My father wanted to change this. He bought young cherry trees. People planted these all over the city. They gave the trees a name: "The Thousand Cherry Trees of Nagai." My father also built a library for children. The books and the cherry blossoms brought them a little happiness. Urakami was no longer a desert.

My father died on May 1, 1951. He was only 43 years old. His greatest dream was this: "Peace to the World."

——*Total active.comm*（平成14年度版、秀文館），世界に平和を（筒井茅乃「娘よ、ここが長崎です」より）。以下の問題文は自作。

登場する人物・地名
*Hellen Keller　ヘレン・ケラー(1880–1968)　アメリカの教育家・社会福祉事業家である。自らも障害を背負いながらも世界各地を歴訪し、身体障害者の教育・福祉に尽くした。
*Kayano　茅乃(かやの)。永井隆博士の次女。
*Urakami　長崎県長崎市内の地名。浦上天主堂(教会)で有名。

1　問題文を読んで(1)～(3)の問いに適する答えを1つ選び、記号に○をつけて下さい。　　　　　　　　　　　　〈情報へのアクセス・取り出し〉
(1)　茅乃の父が寝たきりの状態になったのはいつですか。
　ア　1944年　　イ　1946年　　ウ　1948年　　エ　1951年

(2)　茅乃の父が生まれた年は、いつ頃ですか。
　ア　1888年頃　　イ　1908年頃　　ウ　1928年頃　　エ　1948年頃

(3) 茅乃の父は、贈り物をしてくれた人にどんなお礼をしましたか。
　　ア　贈り物を分けてあげた　　イ　絵を描いて贈った
　　ウ　桜の木を贈った　　　　　エ　本を贈った

② 茅乃の父の願いは何ですか。本文中から抜き出して、英語4語で書いて下さい。　　　　　　　　　　　〈情報へのアクセス・取り出し〉

③ 筆者がこの文章で言おうとしているのは次のうちどれですか。
　　　　　　　　　　　　　　　　　　　　〈テキストの統合・解釈〉
ア　父が浦上地区の復興のために尽力したことを伝え、父の平和への願いを知らせること
イ　父の反戦運動を知らせることで、長崎に原爆を落としたことへの抗議の気持ちを伝えること
ウ　浦上地区の歴史や有名な場所を紹介し、多くの人に訪れて欲しいという願いを示すこと
エ　ヘレン・ケラーから教えられた「感謝の気持ちの表し方」を今の人たちに伝えること

④ 第2段落で、茅乃が花びらを引き抜いてしまったという出来事を紹介しています。茅乃は、なぜ花びらを引き抜いてしまったのでしょうか。その時の茅乃の気持ちを書いてください。　　〈テキストの統合・解釈〉

⑤ 第3段落で、茅乃の父が書いた本のことを述べています。その本の読者が、その後に取った行動から、本の中身にはどのようなことが書かれてあったと予想されますか。その読者が取った行動を根拠に、本の中に書かれてあると予想できることを書いて下さい。　　〈テキストの統合・解釈〉

⑥ 第4段落で、浦上地区が紹介されています。現在、浦上地区は「砂漠」のような状態でしょうか。それとも違いますか。答えとその理由を、本文に書かれている事柄をもとに書いて下さい。　　〈テキストの統合・解釈〉

⑦ 浦上の人たちは、茅乃の父が贈った桜の木に、ある名前をつけています。あなたは、その名前をつけたことに賛成しますか。それとも反対（あるいは別

の名前がよい)ですか。本文の内容に触れながら、自分なりの言葉を使ってあなたの答えを説明してください。　　　　　　　〈テキストの熟考・評価〉

　大問1, 2は「情報へのアクセス・取り出し」に関する問題になっています。文章中に含まれる情報を正確に理解し、正しい選択肢を選んだり、情報を抜き出したりする力が求められます。大問3～6は「テキストの統合・解釈」を問う問題と言えるでしょう。これらの問題は、離れた情報を統合してあらすじを理解することや、テキストに明示されていない筆者の主張(大問3)、登場人物の心情(大問4)の推論を求めているからです。そして最後に、大問7は「テキストの熟考・評価」を求める問題になっています。文章の内容をふまえて、自分の意見や感想を求めることで、文章の内容をどれだけ深く理解できているかを問うことができる設問になります。

|模範解答例|
1　(1) イ　(2) イ　(3) イ
2　Peace to the World
3　ア
4　興奮していた。
5　父母を亡くした子どもたちが物資不足で生活が困窮している様子。
6　浦上地区は現在砂漠のような状態ではない。茅乃の父が始めた桜の植樹や図書館の建造によって、浦上地区の復興が始まったから。
7　① 賛成。通りに「永井博士の千本桜」と名づけることで、浦上地区が砂漠状態から復興した経緯をその街に住む人たちに意識させるきっかけとなるから。② 反対。1つの街を復興させたのは一人の功績ではない。多くの人の犠牲と協力を礎にして今の繁栄があるので、たとえ永井博士の功績が偉大だったとしても、個人の名前を通りにつけるべきではない。

　以上のように、英語リーディングテストの作成においても、PISA調査が示す読解力の観点を応用することは十分に可能です。「生徒が持つ知識や技能が実生活でどの程度活用できるか」を評価したPISAの指標から、リーディングテストの作成に有益なヒントが得られると考えられます。

第7章

▼

高校でのリーディングテスト
―― 教科書を利用した定期テストの工夫

　高等学校で使用される教科書では、モノローグが扱われることがほとんどであり、中学校のレッスンと比べると語数もかなり増えます。そのため、生徒たちは、キーワードやトピックセンテンスを把握したり、段落の組み立てや段落間の関連などに注意したりしながら、本文の要旨を理解していく必要があります。では、授業でそういったリーディングのスキルを指導した場合、どのようなテスト問題を作成すればそれらの能力を測ることができるのでしょうか。

　この章では、教科書本文やそのサマリーを効果的に利用する方法を紹介し、初見の文章を使用するさいの工夫を提案することで、高校のテストをどう改善することができるのかを考えます。特に、新出語句や文法といった言語材料の知識だけではなく、授業で扱ったリーディングスキルを測るテスト問題の具体例と作成上の留意点を挙げ、さらには、授業での活動の評価方法についても言及します。

1. 本文の内容や言語材料の知識（理解）を測るテストの具体例

　既習のテキストをそのまま使用すると「本来の読解力」を測るテストにはならないという問題は、第6章2節で取り上げました。しかし、定期テストにおいて、生徒にとって初見の英文のみを使用すると、授業とテストとの関連性が低く感じられるため、授業中の学習への意欲が失われてしまうことも考えられます。また、英文を読む力を下支えするものとして、授業で学んだ語彙や文法の知識が定着しているかどうかを測る問題は必要です。ここでは、本文の英文を使い、語彙や文法の知識の定着を効果的に測るテストの例を、問題作成時の留意点と併せて紹介します。

1.1 語彙や文法などの言語材料の知識、理解を測るクローズテスト

語彙や文法などの言語材料の知識、理解を測る問題として最も一般的に使われているのは、クローズテスト(cloze test)と呼ばれるものです(クローズテストの詳細については、第3章5節を参照)。ここでは、さまざまなクローズテストについて具体例を挙げます。

以下の文章は、地図を書くさい、さまざまな要因で間違いが生じるということを題材にした英文の一部です。

> When you ask someone to draw a map of the world, you will find that few people have a very accurate idea of what the world looks like. You might expect some errors in the positions of countries. After all, this is a task that requires a certain skill with a pencil and a good memory. But nobody even knows the relative size of continents! They tend to enlarge them or make them smaller, according to their point of view. For this reason, the home continent is often drawn too large. A Brazilian, for example, tends to enlarge the continent of South America, while a Vietnamese enlarges Asia.
> —*Element English Reading Skills Based*(平成20年度版、啓林館),
> Lesson 1, "Errors in Geography" より。

クローズテストの例として、一定の語数ごとに空所を設け、その空所に適する語を書かせる方法があります。

クローズテスト例1(一定の数語ごとに空所を設ける)

> 空所に入るのに適している語を解答欄に書きなさい。
> When you ask someone to draw (   ) map of the world, you will (   ) that few people have a very (   ) idea of what the world looks (   ).
> …

ここでは、その単語の品詞に関係なく、7語ごとに空所を設けています。この問題では、文脈が通る解答についてはすべて正解にするべきです。しかし、あくまで本文で使用された語の定着を測りたい、というのであれば、

以下のクローズテスト例2のように、選択肢を設け、選ばせる形式にすればよいでしょう。

クローズテスト例2（選択肢を与える）

空所に入るのに適している語を下の選択肢から選び、その記号を解答欄に書きなさい。
When you ask someone to draw（ 1 ）map of the world, you will（ 2 ）that few people have a very（ 3 ）idea of what the world looks（ 4 ）....
【選択肢】
ア a　　イ accurate　　ウ find　　エ like　　オ in

また、クローズテストを作成するさい、機械的に空所を設けるのではなく、以下のクローズテスト例3, 例4のように、前置詞や接続詞、または、論理展開を明らかにするディスコースマーカーなどのポイントを意図的に空所にすることも可能です。

クローズテスト例3（前置詞を空所にする）

以下の空所には前置詞が入ります。空所に入るのに適している語を下の選択肢から選び、その記号を解答欄に書きなさい。ただし、同じ語を2回以上使用することができます。
When you ask someone to draw a map（ 1 ）the world, you will find that few people have a very accurate idea（ 2 ）what the world looks（ 3 ）. You might expect some errors（ 3 ）the positions of countries. After all, this is a task that requires a certain skill（ 4 ）a pencil and a good memory.
【選択肢】
ア in　　イ like　　ウ of　　エ to　　オ with

クローズテスト例4（ディスコースマーカーを空所にする）

以下の空所には、論理構成を明らかにするディスコースマーカーが入ります。それぞれの空所に適する語句を下の選択肢から選び、その記号を解答欄に書き

なさい。ただし、文頭に来る文字も小文字で表わしている。
They tend to enlarge them or make them smaller, according to their point of view. (1), the home continent is often drawn too large. A Brazilian, (2), tends to enlarge the continent of South America, (3) a Vietnamese enlarges Asia.
【選択肢】
　ア　for example　　イ　for this reason　　ウ　however　　エ　while

クローズテスト例5(内容について深く思考させる)

次の文章には、下の4つの語が抜けている。本来入るべき場所を指摘しなさい。解答欄には、それぞれの語が入る場所の前後の単語を書きなさい。
(1) expect　　(2) draw　　(3) find　　(4) looks
When you ask someone to a map of the world, you will that few people have a very accurate idea of what the world like. You might some errors in the positions of countries.

　クローズテストの発展編として、例5のように、本文から単語をあらかじめ抜き出しておき、本文中のどこに入るのかを問う問題を作成することも可能です。生徒がこの問題を解くさい、文脈について考えることを期待するのであれば、機能語ではなく、名詞や動詞といった内容語を抜き出すほうがよいでしょう。このような問題を作成することで、生徒は問題を解くさい文脈を考え、文法の知識を利用しながら、単語が入るところを考えることになります。また、日頃から、本文を読むさいは意味内容や文脈、品詞などをきちんと確認しながら読む練習をする、という態度の育成につながります。

1.2　誤りを指摘し、訂正する問題
　クローズテスト以外に、本文中の語を、本来の語とは異なる内容的に誤った語に変換し、それを生徒に見つけさせ、訂正させる問題を作成することができます。

誤りを指摘し、訂正する問題の例

> 以下の文の中に、3ヵ所、内容的に誤りのある語(句)がある。その語(句)を指摘し、正しい内容になるよう訂正しなさい。
> When you ask someone to draw a map of the world, you will find that few people have a very inaccurate idea of what the world looks like. You might expect some errors in the positions of countries. After all, this is a task that requires a certain skill with a pencil and a good memory. But everybody even knows the relative size of continents! They tend to enlarge them or make them smaller, according to their point of view. However, the home continent is often drawn too large.

　クローズテストや、誤りを指摘し、訂正する問題で問うポイントについては、授業のさいに焦点を当てて、音読などの活動をさせることが必要です。授業で行った内容とテストの問題がリンクすることで、生徒にとっては授業のポイントが明らかになったり、家庭学習が行いやすくなったりするため学習意欲が高まるといった、よい波及効果が期待できます。

2. 教科書本文をそのまま使用するさいの工夫

2.1　既読の英文から初見の英文を作り出す問題

　英語リーディングの授業で最初の目的とされているのは生徒が教科書の英文を読んで理解できるようになることです。ただし、「読んで理解する」だけでは授業の目的としては十分ではありません。次の目標として、学習した語彙・文法事項・リーディングストラテジーを駆使して自分の力でテキストの意味を構築する力が求められます。つまり、英語リーディングの授業では「自立した読み手」を育てることを念頭に置かなければなりません。しかし、定期試験では一度授業で扱った英文を出題することが多いため、受験する生徒は内容をあらかじめ知っていることになります。テストの英文にすでに何が書いてあるかを知っている場合は、英語の学力が不十分であっても「テキストの内容を覚える」「テキストを暗記する」など英語学力以外の方法で対処できるのです。本来は「まとまった英文を読む力」を養うための英語授業ですから、やはりテストでも生徒が「初見の英文」

に多く触れ少しでも「読んで理解する力」を測ろうとするのがよいでしょう。それでも授業で扱ったテキストを理解したかどうかをテストで試すことは「授業の理解度」や「取り組み状況」を知る大切な機会でもあります。ですから、テストでは「授業の理解度」や「取り組み状況」を測る一方で「読んで理解する力」を確認する形式が必要です。

　本文の理解度を試す問題として内容を問う多肢選択問題がよく用いられますが、すでに授業で教えた英文で「読む力」を見たい場合は、選択肢を「一度も読んだことがない英文」ですべて構成する方法が挙げられます。

　次のテキストでは教師だった著者がそれまでの経験の中で最も印象に残った生徒について書かれています。

He was in the first third-grade class I taught at Saint Mary's School in Minnesota. All 34 of my students were dear to me, but a. Mark Eklund was one in a million. He often caused some trouble, but even that was pleasant because of his happy-to-be-alive attitude.

Mark also talked all the time. I had to remind him again and again that he should not talk unless he was allowed to. But I was pleased at his sincere words every time I had to correct him for bad behavior— b. "Thank you for correcting me, Sister!" I didn't know what to make of it at first, but before long I became accustomed to hearing it many times a day.

c. One morning my patience was growing thin when Mark talked once too often. I looked at Mark and said, "If you say one more word, I am going to tape your mouth shut!"

It wasn't ten seconds later when Chuck shouted, "Mark is talking again." I hadn't asked any of the students to help me watch Mark, but since I had stated d. the punishment in front of the class, I had to act on it.

I remember the scene as if it had occurred this morning. I walked to my desk, very slowly opened the drawer and took out a roll of masking tape. Without saying a word, I went up to Mark's desk, tore off two pieces of tape and made a big X with them over his mouth. I then returned to the front of the room.

e. As I glanced at Mark to see how he was doing, he winked at me. That did it! I started laughing. All the class made a cheerful noise as I walked back to Mark's desk, removed the tape and shrugged my shoulders. His first words were, "Thank you for correcting me, Sister!"
　　　—PROGRESSIVE English Reading, REVISED edition（平成12年度版、
　　　　　　　　　　尚学図書）、For Further Reading 1 より。

　このテキストに対してテスト問題は a〜e の下線部の内容と合致する英文を選択肢から選ぶ形式になっています。下線部は著者特有の言い回し "happy-to-be-alive attitude" や登場人物のセリフ "Thank you for correcting me, Sister!" などに焦点を当て、選択肢の英文はそこに潜む「著者や登場人物の気持ち」を表現しています。

　ただし、選択肢の英文には錯乱肢は入れないようにしています。錯乱肢を作成することで「本文の内容と大きく異なるもの」や「明らかに不正解とわかるもの」など読んでも得点に結びつかないため「読み飛ばされ無意味な英文」ができることも考えられるからです。また生徒はどの英文に対しても「疑いの目」を持ちながら読むことになります。選択肢の英文は本文の内容に関係があり正解になりうるからこそ、すべての英文に目を通してその内容について考えることができるのではないでしょうか。

　　下線部 a〜e の内容を表しているものをそれぞれ選びなさい。
1. His poor behavior upset the teacher at first, but somehow she came to understand and forgive him.
2. Mark reacted unexpectedly to the teacher's punishment, which caused her to burst into laughter.
3. The teacher had never had such a student as Mark Eklund, because she often felt pleased after he caused some trouble.
4. Mark had to receive some penalty because of his disobedience. In addition, she had to punish him after she made him feel scared.
5. Although he was advised not to chat during the lesson by the teacher, Mark didn't obey her. At last, she could no longer stand his behavior.

　［正解］　a-3, b-1, c-5, d-4, e-2

次のテキストではライアン・ホワイトさんが血友病の治療でエイズに感染し、その後、病魔だけでなく偏見と闘った姿が書かれています。主に主人公の気持ちが大きく揺れ動いたことを表す英文が下線部になっており、選択肢はそこに潜む気持ちを表現した内容となっています。

People in my hometown, Kokomo, tried to keep me out when they learned I had AIDS. The fact is, AIDS is one disease that's pretty hard to catch. You can't get it from just being around someone who has it—even if you eat off their plate or drink from the same glass. If you could, my mom and my sister would have caught it a long time ago.

Still, plenty of people in my town thought I could give other kids AIDS if I kissed them or sneezed on them in school, or if I dripped sweat or tears on them. a. That's disgusting! I'd *never* do that. Even if I did, they wouldn't get AIDS. Nothing would happen—except that I would lose many friends.

b. Panic spread all over town anyway. Lots of times kids flattened themselves against walls when I walked by. I heard kids telling Ryan White jokes. And grown people passed along lies about how they'd seen me biting people, or spitting on vegetables at the grocery store. I never did and I never would. I wasn't welcomed anywhere. When Mom and I went to restaurants, people would get up and leave, so they wouldn't have to sit near me. Even in church, no one would shake my hand.

Now that I felt well, I wanted to go back to school. But my school, Western Middle, wouldn't admit me, even for a visit. And the other parents supported this decision. They were afraid their kids would catch AIDS from me.

Mom always taught me to keep trying. She said,"Don't give up, be proud of who you are and never feel sorry for yourself." I wasn't going to be an AIDS victim. I wanted to fight it. c. "We *have* to fight, Mom," I said. "If we don't, we won't be allowed to go anywhere or do anything. What they want to do isn't right. We can't let it happen to anybody else."

We decided to fight in court for my right to go back to school. It was unfair for me to be kept out of school for no reason. People said that by letting me go to school Mom was allowing me to kill other kids.

　　d.　When I finally did get back into class, after a judge said the school was wrong, an awful lot of people still didn't want me. Someone even shot a bullet into our front window. So my mom, my sister and I had to move to a new town, Cicero.

—*PROGRESSIVE English Reading*, REVISED edition（平成12年度版、尚学図書）、Lesson 6 より。

下線部 a〜d の内容と最も近い意味をそれぞれ選びなさい。
1. No matter how hard Ryan and his mother might insist he be one of the kids in high school, some people in Kokomo didn't show sympathy for Ryan.
2. Their fear of Ryan's condition made them behave very badly towards Ryan. The other kids at school tried to avoid Ryan and were mean to him because they were worried about catching AIDS.
3. Ryan shouldn't feel despair. He had to find it necessary not only to endure but to overcome his hardships.
4. Ryan was really annoyed to know how stupid people around him were. They were ignorant of how they could get AIDS. He really wanted them to correct the misunderstanding.

［正解］　a-4, b-1, c-3, d-2

　本文の内容を教科書以外の語彙・表現を用いて言い換えることで、内容も少し深めたものになっています。このような初見の英文を読む機会を設けることで、「授業の理解度」に加え「読んで理解する力」を確認する一助となるはずです。テキストの単なる「表面上の理解を超えて」読もうとする力も見ることができます。既読の英文をテストに出題しながら初見の英文をそこに加える方法はほかにもたくさんあると思いますが、そのひとつを紹介しました。

2.2 消えたパラグラフの内容を復元する問題

　自分の力でテキストの意味を構築する「自立した読み手」になるためには、内容を「自分の立場で置き換えて考える」ことも求められます。テキストの内容を具体的な経験と結びつけることで理解がさらに深まるためです。授業でも「同じような経験をした人はいませんか」という発問をすることがありますが、これによってテキストの内容に学習者自身の経験が加わって「その時の映像・感覚」などが思い起こされ、内容がさらに鮮明にイメージされるからではないでしょうか。次のテキストにも「自分の立場で考える」ことができる内容が含まれています。その部分を　　　　　　で消してあります。どのような内容が入るか考えてみましょう。

　In the early spring, you can find violets in shady spots. When these delicate purple flowers are exposed to light, they close up and shrink — that is, they become small. Sometimes English speakers use the phrase shrinking violet to refer to a very shy person. Like the violet in sunshine, these individuals withdraw when they are in public. Since they cannot communicate with other people, they feel lonely, afraid and sad.

　Shyness is a serious problem for many people, but it can be overcome. The challenge is how to stop being shy.

　First, you must remember that nobody is born shy. Discover why you have become shy. Maybe 　　

　Second, learn to relax. You must release the tension from your body and the stress from your mind. Breathing is one of the best relaxation techniques. As you breathe deeply and slowly, your body begins to feel lighter and your mind clearer. Listening to soft, gentle music may help you forget your shyness.

　　　　　　　　　　　　—2008年の神戸学院大学の入試問題より。

　過去の経験を遡って自分自身のことを書くことで正解できる問題です。

決まった答えのない問題ですが、「内気になってしまった経験」が3文程度の英文で書かれてあれば正解です。これに解答することで「前後関係を読み取って矛盾のない解釈をしている」や「自分の立場で置き換えて読んでいる」かどうかを確認することができます。

さて、実際のパラグラフは次のようになります。

　　First, you must remember that nobody is born shy. Discover why you have become shy. Maybe you have negative feelings about yourself and think that you are not as attractive, popular or smart as your friends. Maybe you are afraid of making mistakes at school or at work. Maybe you worry that people won't like you. Whatever the reason or reasons, you have become a shrinking violet.

以下に生徒の解答例を載せてみます。表現・文法・語法で訂正のある部分は直してありますが、内容はそれぞれ消えたパラグラフと近い英文となっています。

［解答例］
　　Maybe you have sad experiences. Maybe you didn't have confidence in yourself. Maybe you couldn't communicate with other people well.

　　Maybe you are afraid of making mistakes. If you can discover why you're shy, you will change yourself.

　　Maybe you are not aware of your strength. In fact, you have a lot of strength. If you find them, you will never become shy.

　　Maybe you don't have confidence in yourself, so you cannot communicate with others. In order to overcome shyness, you have to communicate with others more actively.

　　Maybe you made a mistake in front of many people and they laughed at you. However, you shouldn't be so bad about them because everyone has made some mistakes.

Maybe you don't like talking with other people. You don't like your face and style. You may think you are hated.

　　　Maybe you think you aren't charming and smart like your friends.

　　　Maybe you think you aren't a good person. Maybe you think people do not like you.

　　　Maybe your friend is smarter and cuter than you, so you have negative feelings about yourself. However, you shouldn't. Don't be shy.

　このような問題を出題する場合は、授業中で「それぞれが内気になってしまった原因」について考えるような発問をしたほうがよいでしょう。授業の内容とテストの出題内容が重なることで学習者の授業への取り組みは向上するからです。テキストの内容と自分の経験を結びつけて、そのエピソードを簡単な3文程度の英語で説明する活動を1時間の授業に1回は設けることで、生徒も抵抗感なくこのような問題に取り組めるはずです。なお、このようなテストではリーディング力だけでなくライティング力の問題も関わってくることは言うまでもありません。これについては、136–137頁もご参照ください。

3. サマリーや原典の使用による、テスト問題の具体例

　このセクションでは、教科書の文章をそのまま用いるのではなく、本文にアレンジを加えた文章を使用したり、原典の一部を使用したりすることで、ある程度初見に近い文章であっても理解できるかどうかを問う問題の具体例と留意点について述べます。

3.1　本文をサマライズした英文を使用する問題

　第7章1節では、教科書本文をそのまま使用し、語彙や文法などの知識理解について問う問題の具体例を挙げました。しかし、リーディングの力を測るためには、あくまでそれらの知識を活用しながら読むことができるかどうかについても測る必要があります。そこで、内容についてすでに理

解している教科書本文をサマライズしたものを使用することで、ある程度初見に近い文章でも、学んだ語彙や文法を使用しながら読むことができるかどうかを測る問題を作成することができます。ただし、ここで紹介するサマリーとは、要旨を簡潔にまとめた短いものではなく、内容を変えず、パラフレーズをしながらある程度短くしたものを指します。

以下の文章は、Dabi Davisという女性が、障害を持つことによって、彼女自身が事故にあう前に障害者に対する偏見やあわれみの気持ちを無意識に持っていたことに気づき、人生において大切なことは、完全な肉体を持つことではなく、完全な精神と魂を持つことであるということを社会に示そうとしている、という内容のテキストの一部です。

> When I lost my legs at the age of 29, I was forced to get rid of many misunderstanding I had unknowingly developed regarding the importance of physical perfection. In just one hour, I changed from an attractive woman to an object of pity and fear.
>
> I was not aware of this at first. I was too busy dealing with the physical pain and new limitations in mobility I now faced. Yet I was determined to succeed and proud of my progress day by day. My contact with physicians, rehabilitation specialists, close friends and family only enhanced my perceptions of myself as a "winner."
>
> My new status in society, however, was brought to my attention on my first excursion outside the hospital walls. Delighted to leave the hospital, I rolled through the shopping mall in my wheel chair with the full confidence of a proud survivor, a war hero expecting a ticker-tape reception. As I glanced around, I noticed that all eyes were upon me, yet no one dared to make eye contact. Their downcast glances made me realize that they did not see the triumph in my eyes, only missing limbs.
>
> —*Element English Reading Skills Based*（平成20年度版、啓林館），
> Lesson 13, "Body Imperfect" より。

以下は、上記の教科書本文のサマライズの例です。

> Dabi lost her legs when she was 29 years old. Before she lost her legs, she thought that having a perfect body was important. Then she had an accident and she changed from an attractive woman to an object of pity and fear. At first, she didn't know that because she was busy dealing with the physical pain and new limitations in mobility. When she was at the hospital she began to think of her as a winner because she had had contact with physicians, rehabilitation specialists, close friends and family. She had a full confidence when she got out of hospital. When she went to the shopping mall, she noticed that people did not make eye contact. They didn't look at the triumph in her eyes, but at her missing limbs.

① 本文をサマライズするさいの留意点

本文をサマライズするさい、Teacher's Manual に収録されているものを使用してもかまいませんが、授業を活性化させ、生徒の学びを促進するような波及効果を生み出すよう工夫をしたいものです。そこで、授業で行った内容をテストで使用するサマリーに反映し、生徒にテストと授業の関連性に気づかせることで、授業に積極的に参加する態度の育成につなげることができます。

1) 授業時のオーラルイントロダクション・インタラクションの活用

本文の内容をオーラルイントロダクション・インタラクションによって導入するさい、新出単語や、名詞構文等、生徒にとって理解しにくい文章については、パラフレーズをしながら導入する方法が一般的です。そこで、パラフレーズされた文章をまとめ、テストで使用することで、授業内容とテストの英文を関連づけることができます。

オーラルイントロダクションの例

> O.K. Class. Today we are going to read a story about a woman. Look at the picture. Her name is Dabi Davis. She lost her legs when she was 29 years old. When she lost her legs she realized that she had had thought

> that having a perfect body was important.　（以下省略）

2)　英問英答の活用

　授業中に英問英答をするさい、その解答をつなげれば教科書本文のサマリーになるようにしておきます。そのサマリーをテストで使用することで、生徒たちは授業中、英語で質問に答えるさい、単語のみで答えるのではなく、きちんとした文章で答えようとするでしょう。上記のサマリーは、授業中の英問に対する解答をまとめて作成しています。以下に、英問の例と、英問作成時の留意点を挙げます。

英問の例

> （1）　What happened to her when she was 29 years old?
> （2）　What kind of misunderstanding did she have before she lost her legs?
> （3）　She said that she changed from an attractive woman to something. What was it?
> （4）　At first she didn't notice that she changed from an attractive woman to an object of pity and fear. Why didn't she notice that?
> （5）　How did she come to think of herself as a winner?
> （6）　When she went to the mall, what did she notice about people's eyes when she glanced around?

英問作成時の留意点

　(2)の質問では、生徒の解答は "She thought that having a perfect body is important." となりますが、本文では、"I was forced to get rid of many misunderstandings I had unknowingly developed regarding the importance of physical perfection" となっています。この文章を、(2)のように聞くことによって、"the importance of physical perfection" を、"that having a perfect body is important" とするパラフレーズを生徒が行うこととなります。また、(4)の質問では、生徒の解答は "She had contact with physicians, rehabilitation specialists, close friends and family." となりますが、本文では "My contact with physicians, rehabilitation specialists, close friends and family only enhanced my perceptions of myself as a 'winner'." となっています。こうした英問に解答させることにより、名詞のかたまりの中にある主語・動詞の関係に気づかせ、内容を理解させることができます。このように、授業中の内容をテストに反映することで、日頃から英語で英語を理解しようとする態度の育成にもつながるでしょう。

では、具体的に教科書本文のサマリーを用いたテストの例を以下に挙げます。(サマリーは前述のものを使用)

3) 本文のサマリーを使用するテスト例1(空所補充)

> 下の文章を読み、空所に入るのに適している語を解答欄に書きなさい。ただし、与えられた語から始めること。
> Dabi lost her legs when she was 29 years old. Before she lost her legs, she thought that (h　) a perfect body was important. Then she had an accident and she changed from an attractive woman to an (o　) of pity and fear. At first, she didn't know that because she was busy (d　) with the physical pain and new limitations in mobility.

ここでは、聞きたいポイントや、内容語の部分を空所にし、生徒は文脈に合うよう、単語を入れます。このさい、文脈に合うものであれば、本文で使用された語以外のものでも正解とする必要がありますが、ある程度解答を導きたいときには、上記のように、頭文字をあたえるとよいでしょう。

本文のサマリーを使用するテスト例2(誤りを指摘し、訂正する)

> 次の文章の下線部内に、内容的に誤っている語が3語あります。その語を指摘し、訂正した語を解答欄に書きなさい。
> Dabi lost her legs when she was 29 years old. <u>After she lost her legs, she thought that having a perfect body was important. Then she had an accident and she changed from an attractive woman to an object of pity and fear. At first, she didn't know that so she was busy dealing with the physical pain and new limitations in mobility. When she was at the hospital she began to think of her as a loser because she had had contact with physicians, rehabilitation specialists, close friends and family. She</u>

> had a full confidence when she got out of hospital. When she went to the shopping mall, she noticed that people did not make eye contact. They didn't look at the triumph in her eyes, but at her missing limbs.

　上の例は、パラフレーズされた英文の中から誤りを抜き出し、正しい形に訂正する問題です。生徒が訂正した語については、文脈に合うものであれば必ず正解にする必要があるので、特に接続詞や、副詞に関しては問題作成のさい、できるだけ予想される解答を考えておく必要があります。

　ここで挙げた例のように、本文の文章をそのまま使用するのではなく、サマライズしたものをテストで使用することで、英文を暗唱する力ではなく読解する力を測ることが可能になります。応用問題であっても、それらを日頃の授業で学ぶ内容と絡めることで、授業とテストが関連していることが明らかになります。生徒は単に暗記したものを書くのではなく、きちんと問題文を読み、理解したうえで、学んだ内容をもとに問題を解く必要があるため、普段の学習から読解力をつけようという態度を身につけることが期待できます。

3.2　原典をテストで使用する

　未知語の推測や大意の把握といったリーディングストラテジーについて授業で扱っても、テストのさい、教科書の本文をそのまま使ってそのようなストラテジーの問題を出題してしまうと、やはり単なる記憶力を測るだけの設問となってしまいます。そこで、授業時に学習したリーディングスキルを応用できるかどうかを測るために、教科書本文の原典を利用してテストを作成する例を挙げ、その留意点を述べます。

① **原典を使用した問題例1**（未知語の推測）
　以下の文章は、外国人観光客に人気の小さな旅館「澤の屋」を題材とし、旅館の魅力と、その人気の秘訣を探り、そこから異文化コミュニケーションを成功させる大きなヒントを得ることができる、という話の一部です。

> 　Not far from Nezu Station of the Chiyoda Subway Line, there is a modest inn, where you find no more than 12 Japanese style rooms.

> Furthermore, only two of these rooms have private bathrooms and toilets. However, visitors like this little inn and it's almost always full. It offers a fun atmosphere. It also gives the opportunity to experience traditional Japanese customs. Guests like to sleep on *futons* and wear *yukatas*.
> —*Element English Course II*(平成20年度版、啓林館)、
> Lesson 7, "The Secret of a Little Japanese Inn" より。

　この文章の原典を用いた場合、以下のように、未知語の意味を類推する問題を作成することができます。

> 次の文章の下線部の語と、ほぼ同じ意味を表わす語を選び、その記号を解答欄に書きなさい。
> Located in the Yanaka district of Taito Ward, just a few minutes' walk from Nezu Station on the Chiyoda subway line, Sawanoya is small and unpretentious, with 12 Japanese-style rooms, only two of which have private baths and toilets. (中略)The shitamachi atmosphere is fun and foreign guests enjoy the traditional Japanese elegance, but otherwise there is nothing particularly outstanding about Sawanoya.
> —"All in the Family: Foreign guests kick back at unpretentious Tokyo inn" (asahi.com; January 15, 2005) より。
> 【選択肢】
> 　ア　elegant　　イ　interesting　　ウ　modest　　エ　unable

② 原典を使用した問題例2(パラグラフ内の文章の並べ替え)
　また、原典のある段落の文章を並べ替えるという形式の問題も作成することができます。以下の文章は、サミア・サディックという女性が、エチオピアでは女性が本人の意思に関係なく結婚しなければならない、という伝統に屈することなく、さまざまな人の助けをかりながらも勉強に励んだことがよい例となり、現在、エチオピアで女性が教育を受ける割合も増えてきている、という文章の一部です。

Girls' education is an important issue. This is especially so in developing countries. It brings human rights, freedom and higher economic productivity for woman. It helps lower the death rate of children and increase life expectancies of both men and women. Moreover, the children of educated girls will probably also receive an education.
—*Element English Course II*(平成20年度版、啓林館),
Lesson 2, "Samia Sadik" より。

この文章の原典を用いた場合、以下のようなテストを作成することができます。

次の3つの文章は、ある段落の文章を並べ替えたものです。元の順番になるように並べ替え、その記号を解答欄に書きなさい。
ア Educating girls provides numerous benefits, not only for girls themselves, but also for their current and future families and for their societies.
イ Furthermore, there is a greater likelihood that the children of educated girls will themselves be educated.
ウ The education of girls contributes to higher economic productivity, lower infant mortality, lower fertility rates, and the attainment of longer life expectancy for both men and women.

このような問題以外にも、原典の一部を使用すると、大意を把握する力を測る問題や、指示語の内容を問う問題などを作ることも可能です。原典を使用すると、生徒にとってよりチャレンジングな内容になるだけでなく、授業で学んでいる内容が原典を読む力の育成につながるのだということが明らかになるため、英語学習により高い意欲を持つようになるでしょう。

ここでは、本文そのままの英文ではなく、教員がサマライズした文章や、原典の英文を使用することで、本文内容や言語知識だけでなく、初見の英文を理解する力や、授業で取り上げられたリーディングスキルなどが応用できるかについて測る問題の例を挙げました。こうした問題を出すことで、生徒に、英語を読む力をつけるためには、語彙や文法の知識を身につけるだけではなく、リーディングストラテジーなどを身につけるための学習が

必要であることを感じさせることができます。そうすることで、テスト前に単語や本文を覚えるだけでなく、普段からリーディングの授業に真剣に取り組む態度の育成が期待できます。

4. 初見の文章を使用したテスト問題の具体例

　ここでは、リーディングの授業で学んだ言語材料が使えるかどうかを測るために、実際に使用させる場面を与える問題や、スキミングやスキャニングの力、またディスコースマーカーに注意しながら読む、といった読解力を測る問題の具体例を挙げます。上述の応用力を測るためには、やはり教科書の本文をそのまま使用するだけでは不十分でしょう。また、生徒に「リーディングのテストはただテキストを暗記するもの」という誤った考えを植え付けてしまう危険性もあります。そこで、初見の文章を使用することで生徒の応用力を測るとともに、生徒の学習に対してよい効果を与えるための問題作成時の工夫についても紹介します。

4.1　初見の文章の作り方

　では、定期テストで生徒にとって初見の文章をどのように作ればよいのでしょうか。

　初見の文章としては、本や雑誌、英字新聞やインターネットの英文を使用します。定期テストの場合、本文とまったく関係のない英文を使用すると、授業や家庭学習へのマイナスの波及効果を生み出す可能性があります。そのため、初見の文章であっても、ある程度本文の内容と関連する英文を使用するべきです。

　次に、授業で取り扱ったリーディングスキルの応用力を問う問題を作成する場合、初見の英文中の未習語の語数をできるだけ減らすようにする必要があります。生徒にとってなじみのない語が多く含まれていると、生徒は語彙レベルで理解できなくなるため、リーディングスキルの応用力を測ることが不可能になります。未習語が多いようであれば、リライトするか、注釈をつけるなどの配慮が必要です。文章内の95%以上の単語を理解できればスムーズに読み進めることができると考えられていますので(卯城、2009)、未習語の割合は英文全体の語数の5%以下にすることが望ましい

でしょう。

　また、初見の英文を読んで、それに対する生徒自身の意見を書かせるテスト形式の場合、テストの英文の内容や主張が、教科書本文とまったく同じであると、創造的な意見を生徒から引き出すことが難しくなります。なぜなら、内容や主張が同じ英文であれば、結局教科書本文の内容から推測して自分の意見を書くことができるからです。つまり、試験の英文を読まなくても答えられる問題となってしまうので、意見を書けていても、初見の英文をきちんと理解したうえで書いているのかどうかは判断できません。また、教科書本文の内容は、「一般的に正しい」内容になっていますので、「あなたはどう思いますか」という質問に対して、生徒が客観的な視点で意見を書く、というのは難しいものです。そこで、本文の内容と相反する事実であったり、異なる視点や意見について書かれたりしている英文を選び、リライトし、テストで使用します。そうすることで、生徒は教科書本文の内容と、テストで与えられた初見の文章をもとに生徒自身の意見を書くことが可能となります。

　初見の文章を選ぶさいの留意点をまとめると、以下のようになります。

・本文の内容と関連する英文を選ぶ。
・未習語（句）を減らす（できるだけ英文の5％以内に抑える）。
・本文と同じ題材であっても、異なる視点、意見で書かれた英文を選ぶ。

　では、具体的な例を挙げます。以下の文章は、英語が、使用される地域によって、さまざまな種類に発達しても、通信や交通手段の発達のおかげで、相互に理解できない言語に分化する代わりに、国際的な種類の英語が新たに発達し、将来比較的均一なものになるだろう、という内容の論説文の一部です。

　　Local varieties of English are developing and will certainly continue to do so. But an international variety of the language is also developing. Because those who use that international variety communicate frequently with each other, it will stay relatively uniform. And it will influence the local varieties so that they do not turn into separate languages. What we are likely to see in the future is an international English that is pretty much the same all over the earth. Many local variet-

ies of English will flourish, but they will be related to the central international variety as planets are to the sun.
　—*Element English Reading Skills Based*（平成20年度版，啓林館），
　　　　　　　　　　　　Lesson 11, "Future of English" より。

　この文章では、さまざまな地域で話される英語とは別に、国際語としての英語が生まれ、そういった英語が今後、国際社会の中で重要になる、ということを示唆する内容になっています。ここで、テストで使用する初見の英文としては、国際語としての英語が重要になる一方で、英語を第二言語として話す国の中には、若い人たちが母語を軽視し、学びたがらない傾向があるという問題を抱えている国もある、といった内容の英文を選ぶことができます。
　このレッスンのテスト作成で著者が参考としたのは、THE JERUSALEM POST というサイトに掲載されている記事（著作権の関係で英文を掲載することはできませんが、以下の URL を参考にしてください。http://www.jpost.com/MiddleEast/Article.aspx?id=184923）です。この記事は、レバノンが抱える問題について書かれたものです。レバノンはかつて植民地であった影響で、母国語であるアラビア語だけでなく、英語やフランス語も公用語として使用されています。最近では、西洋の映画や音楽の影響で、母国語ではあっても習得が困難と感じられるアラビア語よりも英語やフランス語のほうがかっこいいと思う若者や、将来の就職を考え子供たちに英語を学ばせたいと思う親たちが増えている影響で、アラビア語が学ばれなくなっています。そこで、若い人たちに母国語であるアラビア語に興味を持ってもらえるようさまざまな取り組みが行われている、という事実があります。あるレバノンの詩人が心配するように、アラビア語という共通言語が失われるとアラビア人としてのアイデンティティも失われる、というのです。
　さて、そのような内容が書かれている記事を、テストで提示する初見の英文として書き換えました（英文省略）。
　初見の英文をテストで使用する目的は、単に教科書の本文を覚えたりするだけではなく、授業で扱った英文を読むためのポイント（ディスコースマーカーの知識や指示語が表わすものを理解したり、未知語を推測したりする力）を理解しているかどうかを測ることです。そのため、初見の文章を

作成するさい、かなり易しい英文にリライトする必要があります。その問題で問うべきポイントをまず整理し、そのポイント以外については生徒が初見であっても必ず理解できるよう配慮する必要があります。教科書の巻末には新出語彙のリストがありますから、それらを参考に英文を作成するとよいでしょう。

　初見の英文をテストで使用することで、教科書本文で述べられている内容とは異なる視点で書かれた文章を読むことになります。これにより、生徒は日頃から教科書本文を客観的な視点から解釈することを促されることになり、生徒の学習にもよい影響を与えることになるでしょう。

4.2　具体的な設問例

　では、初見の英文を使用した場合、どのような設問を作成すればよいでしょうか。ここでは具体的な設問作成例と留意点を述べます。

① 英文の要旨を問う問題例

> According to the author,
> ア　Young people think that even though Arabic is not difficult to learn, they would rather study English and French.
> イ　Young people does not want to study Arabic, so they are usually absent from school.
> ウ　A Lebanon poet thinks that eventually young people are moving back to Arabic.
> エ　Some people are afraid that if they lose their own language, they will not have their own identity.

　英文の要旨を問う問題の留意点としては、選択肢の英文を作成するさい、細部について問う英問を作るのではなく、筆者が主張していることを理解できているか確認するような選択肢を作るべきです。また、本文の英文をそのまま使用するのではなく、名詞構文を主語＋動詞の文章にするなど、パラフレーズすることが必要です。さらには、選択肢の英文に all や never など、限定的な語を使わないほうがよいでしょう。内容を理解しなくても解ける問題や、受験テクニックと呼ばれるもので解けるような問題は必ず排除する必要があります。

② 指示語や代名詞の内容を問う問題

> What does it in line 13 refer to?
> ア English or French
> イ Classical Arabic
> ウ Speaking English or French to children
> エ Teaching classical Arabic to children

　問題文中の 13 行目というのは、At home many parents speak to their children in either English or French and leave it to the schools to teach their children classical Arabic. という部分を指します。このような指示語や代名詞の内容については、初見の文章を使った英文でこそ聞くべきです。授業で扱った英文を使用すれば、内容を覚えていれば解ける問題となり、文脈から判断できているかどうかについて確認する問題とは言えません。そこで、初見の英文を使用することで、指示語や代名詞の内容を理解する力を確認することが可能となりますし、日頃から生徒が指示語や代名詞の内容を判断しながら読む態度の育成につながるでしょう。

③ 英問英答

> 本文の内容に関する以下の質問に、英語で答えなさい。
> 1. In Lebanon, many parents talk to their children in either English or French. Why do you think they do that?
> 2. In Lebanon why do many students think that English and French are cool or sophisticated?
> 3. What do you think people in Lebanon do in the revival programs?

　英問英答の問題を作成するさいも、授業で学んだ内容と関連づけるように工夫をすることができます。たとえば、疑問詞 + do you think + SV (もしくは V) の形について、授業で学んだ場合、あえてこの疑問文を使い、英問を作成することができます。ただ、いきなりこの形を使うのではなく、上の例にあるように、問 1 でも使うことで、問 3 の疑問文の内容を考えるヒントとする、という工夫をすることもできます。定期テストは授業で学んだことの定着を測るためのものでありますが、意図的に生徒が学んだこ

とを設問の中に含めることで、さらにテスト後の生徒の学びを促進することができます。

④ サマリーを書いたり、意見を書かせたりする問題

> 問1 英文の内容を、50語程度の英語でまとめなさい。
> 問2 Lesson 11 で学んだ内容と、上の英文の内容を踏まえて、以下の意見に対して、あなたの意見を書きなさい。解答欄の agree, disagree のどちらかに○をつけ、その理由を60語程度の英語で解答欄に書きなさい。
> "Since learning international English is important, all the students should be able to choose a school based on which language, English or Japanese, is used in the classes."

(生徒の解答例: 問1)

　　Young people in Lebanon don't want to learn Arabic now and many people are trying to preserve it. For example, some social organizations have launched revival program so that people in Lebanon can comprehend Arabic. They think that if they lose a common language, they will lose the common identity. (50語)

(生徒の解答例: 問2)

I (agree　disagree) with this idea.

　　I have two reasons. First, it is very difficult to learn Japanese classic literature such as *Haiku* in English. Second, it is too difficult for school children to learn all the subjects in English. Students in Japan do not have chance to speak English before going to school, so it takes more time to learn all the subjects in English. (60語)

　意見を英文で書かせる問題は、基本的には表現の能力を測る問題となるので、英文を書かせることだけでは、生徒が英文を本当に理解しているかどうかを判断することはかなり難しいでしょう。生徒は英文を理解していても、意見を述べることができないのかもしれません。もし、意見を書か

せる問題で、生徒の英文の理解度を測るのであれば、上記のように、まず、英文の内容を決められた語数でまとめさせ、それについて生徒の意見を書かせるというような、2段構成にするとよいでしょう。もし、内容をまとめることが生徒にとって難しすぎる場合は、上の①〜④で挙げた、要旨を問う問題や指示語や代名詞の内容を問う問題、英問英答の問題などで理解を確認したうえで、意見を書かせる問題につなげるとよいでしょう。また、生徒が書いた英文をもとに、英文の理解度を測るのであれば、評価の観点を2つに分ける必要があります。たとえば、生徒の意見がある程度テストの英文を反映していれば、生徒が書いた英文に誤りがあっても内容について大まかに理解していると判断できます(理解の観点)。また、英文の構成や語彙、文法の正確さを基準とすることで、表現の能力について測ることができます。

　定期テストなどでこのような形式の問題を出す場合、日頃から教科書の本文を客観的に読ませ、生徒自身の意見を書かせる必要があります。また、意見を書かせる場合は、論理構成や英文の正確さといった、表現の能力だけでなく、言いたいことを英語で積極的に表わそうとしているか、といった関心・意欲・態度の評価項目も設けておき、創造的に、意見を発信しようとする態度についてもきちんと評価しておくことが必要です。

5. 特定のジャンルにおける文章形式・語彙・文法を活用した言語活動と評価の流れ

　平成21年3月に示された新学習指導要領において新設された科目、「コミュニケーション英語」における内容の取り扱いについては、共通して「聞いたことや読んだことを踏まえた上で話したり書いたりする言語活動を適切に取り入れながら、四つの領域の言語活動を有機的に関連付けつつ総合的に指導する」ことが求められています。では、読んだり聞いたりしたことを踏まえた言語活動とはどのようなものでしょうか。松本(2008)は、文法や語彙など教科書からの知識を、他の文脈や場面で活用することが必要であると述べています。コミュニケーション英語の目標として掲げられた、「情報や考えを理解したり伝えたりする力」を養うためには、教科書を用いて学習した内容を他者に伝え、さらにそれを活用するような発展的活動へ

とつなげていく必要があります。

　4つの領域におけるスキルを統合した授業をデザインするさいには、理解すること（リーディング・リスニング）と伝えること（ライティング・スピーキング）の関係について考えてみる必要があります。複数のスキルを含んだタスクにおいては、情報の選択と統合が必要であると言われています（Brown, Iwashita, & McNamara, 2005）。

　リーディングの場合、読み手はテキストに書かれた情報に自ら持っている情報を補って理解をします。これに対し、読み取った内容にもとづいたライティングの場合、自分が伝えたい情報に加えて、必要に応じて教科書などから取り出した情報を統合して表現します。このようなスキル間の関係は、リスニングとスピーキングについても言えることです。

　ここでは、このようなリーディングとライティングの関係を考慮して行った実際の授業実践例を、生徒が作成した作品を交えて紹介します。今回は教科書の題材から必要な情報を読み取ってまとめ、それらを参考にして生徒が持っている新たな情報を発信するポスター発表をひとつのプロジェクトとした言語活動を行いました。これらの言語活動に対する評価方法として、ポートフォリオおよび定期試験での評価を説明します。

5.1　授業実践例

　本授業実践は、高校の2学年普通科における英語Ⅱの授業にて行いました。指導計画の概要および教科書の本文は次に示したとおりです。ここでは文章構造を意識した表（diagram）を利用したいくつかの言語活動を中心に、4技能の有機的統合を図った実際の授業実践と授業後のテストおよび評価例を紹介します。

- 使用教科書とレッスン　*LovEng English Course II*（平成22年度版、啓林館），Lesson 2, "New Trends of Japanese Tradition"
- 本文の概要　寿司、祭、三味線などさまざまな日本文化における新しい傾向についての紹介文（説明文）。3つのパートに分かれている。
- 本課の目標　日本文化の新しい傾向についての文章を読み、それらに使われている表現や語彙などを参考にしながら、その他の日本文化について紹介する文章を書き、それをもとに口頭で発表することができるようになる。

> "Spicy Tuna" and "Sundried Tomato and Avocado." These are some of the names of popular sushi in America. Sushi is the most famous, not to mention, the most popular Japanese dish in the world. American style sushi, however, is very different from Japanese style sushi. American toppings include tuna with chili sauce, sundried tomato, and avocado. American sushi chefs have created many variations with unique ingredients.
>
> In the meantime, we can also find unique and new styles of sushi in Japan. In *kaiten-sushi* restaurants, for example, *ebifurai* sushi, *yakiniku* sushi and kimchi sushi are very popular among young people. Instead of pieces of raw fish, Japanese sushi chefs have been looking for new ingredients. Both America and Japan are changing this international food to fit their people's taste and create new sensations.
> ―*LovEng English Course II,* Lesson 2, "New Trends of Japanese Tradition"
> (平成 22 年度版、啓林館) より。

この実践例は、次のような構成になっています。
① **Pre-Task（Speaking / Listening）**
文章に関する図や写真などを与え、それに関する質問を生徒へ問いかけたり自由にキーワードを答えさせたりしていくことで、生徒の内容スキーマの活性化を促し、関連語彙を生徒から引き出すとともに、生徒とのインタラクションを行いながら、語彙の導入を図ります。

② **Main Task（1）――本文から必要な情報を読み取り表にまとめる活動（Reading）**
教科書本文に書かれている要点を英文のまま抜き出して表にまとめます。本文の構成要素を表にまとめることで、概要を理解することを目的とした活動です。複数の情報を表にまとめて提示することは、テキストの内容を整理し概要を理解する助けとなると言われています（岩槻、2003）。つまり、表を利用することで情報を効率的に取り出すことが可能になり再利用しやすくなるのです。

授業における文章理解においては、トピックに関する知識、語彙や文法

知識、コミュニケーションスキルなど、さまざまな要素が関わっています。特定のジャンルにおけるリーディングを一つの言語体験であると考えた場合、類似した体験の中で同様の要素を繰り返し使うことが可能です。ジャンルにはさまざまな分類が考えられます。たとえば物語文(Narrative)と説明文(Exposition)という大きな分け方に対して、「家庭菜園の育て方に関する手紙」というような細かなレベルのものまでさまざまな分類の仕方があることが指摘されています(Hudson, 2009)。今回の言語活動においては「日本文化とその新しい傾向についての説明文」をひとつのジャンルと考え、教科書本文に特徴的な言語形式を活用させました。これにより、アウ

表7.1 今回の授業で使用した表

各パートに書かれているJapanese TraditionにおけるNew Trendsについて、次の表にまとめましょう。

Topic	Part-1 Sushi	Part-2 *Yosakoi* Dancing	Part-3 *Shamisen*
Information 基本情報	・Popular dish in (　　　) ・American sushi chefs(日本とどのような違いがあるか)	・Where? ・When? ・How many people?	・What is *Shamisen*?
New Trends 新しい傾向	・In *kaiten-sushi* restaurants, ・Japanese sushi chefs	・Costumes　服装 ・Dance to…(どんな音楽で踊る?) ・Why popular? 人気の理由	・Young performers today ・Agatsuma Hiromitsu
まとめ	・Both America and Japan,	・Today ・In the future	・Why breaking down is necessary?

トプット活動の目的が何なのかを、明確に示すことができました。

まず、本文から取り出すテキストの内容を特定し、生徒が読み取った内容をまとめる表(前ページ参照)を作成します。このレッスンの各パートを大まかにとらえると、伝統文化、新しい傾向、その他の情報、の３つに分けることができます。それぞれのパートにおける細かな内容は異なっているため、大まかな項目の下に小見出しを作り読み取りを援助することにしました。

表に見出しを与えることは、どのような内容が含まれているのかを生徒が整理するさいの助けとなります。生徒はこのワークシート(表)をガイドとして、本文から関連する内容やキーワードなどを書き入れていきます。この表を作成するさいには、(1)欲張らないこと、(2)次のライティング活動に必要な情報を簡潔にまとめられるようにすること、などに留意しました。

③ Main Task (2)——表にまとめた内容をもとにした自己表現活動 (Writing)

本文の概要を読み取った後、自分が紹介してみたい日本文化についてまとめるワークシートを配布します。これはリーディング活動をライティング活動につなげるためのものであり、また教科書から得た知識を自らの表現活動へ活用するためのものです。生徒は、該当する項目についてどのような表現が使われているのかをまとめ

下書きのためのワークシート

New Trends in Japanese Tradition WRITE
日本文化の新しいトレンドについて紹介する文章を書きましょう。

1．Japanese Tradition にはどのようなものがあるか，書き出してみましょう。

2．文章の下書き (Draft) を組み立ててみましょう (次のいずれかのパターンを選ぶ)。
(食べ物の場合)

(祭りや催しなどの場合)

(楽器・音楽などの場合)

3．Draft および教科書で用いられていた表現を参考に，英文を書いてみましょう。

Class.　No.　Name

図 7.1　下書きのためのワークシート

の表(前々ページ参照)から遡って本文から抜き出すことができます。今回は、クラスでの発表とともに、完成した作品をブックレットにしてALTの先生にプレゼントするというプロジェクトを設定しました。伝える相手を意識させると、英文に自信がない生徒は生徒同士でチェックしあったり、教師にチェックを求めたりしますので、この段階で英文のチェックを入れるとよいでしょう。生徒は下書きを終えたら、イラストなどを自由に入れたポスターを作成します。挿絵などを書かせると書いた英文に親しみを感じることができ、生徒は積極的に取り組むようになります (Levie & Lentz, 1982)。

④ 発表活動 (Speaking / Listening)

日本文化の紹介文を書き終えた後、5〜6人ぐらいのグループで発表活動をします。友人の文化紹介を聞き、キーワードを一覧にまとめます。各自が書いた英文は類似した文章構造を持っていますが、内容は各自が考えた英文であり、生徒間のインフォメーションギャップが存在しています。これを利用して、準備した原稿をもとに内容を伝え合うスピーチ活動を行います。聞き手の生徒には、聞き取った内容の要点を新たな表に書き入れさせます。あるいは、余白にサインをする程度にとどめてもよいと思います。

口頭での発表活動は段階を追って指導します。はじめから無理に全体での発表を強いると、英語嫌いを増やす要因にもなりかねません。英語を話すことに慣れていない生徒は、発表のさいには緊張します。聞き手の数のほか、準備か即興か、リハーサルを行うかどうかなどを考慮することで、無理のないスピーキング活動を心がける必要があります。

⑤ 作品展示 (Reading)

スキャナなどの機器が発達したため、生徒が書いた英作文の作品をデータ化して再利用することが容易になりました。生徒の作品を一覧にしたポスターを教室に掲示することで、繰り返し生徒に読む機会を与えることができるほか、実際の社会との接点を持たせるプロジェクトへ発展させる例として、書いた英文をもとにブックレットを作成してALTや留学生などに配布することなども考えられます。社会との接点を感じることで、生徒は自分の行っている活動の意味を理解し、次回の活動にさらに意欲的に取

り組むようになります。今回の例でも、生徒の作成した作品を製本してALTの先生にプレゼントしたところ、とても興味を持って読んでくれました。生徒はALTからフィードバックをもらうことで、さらに学習意欲を高めることができました。授業外における身近なオーディエンスとして、ALTに協力してもらうとよいと思います。

5.2　生徒の作品からわかること

生徒の作品を読んでいると、さまざまなことに気づきます。今回のプロジェクトの中から、3つの作品を紹介します。まず、「たこ焼き」の例では、本文にある文章を用いつつ、come out for, Here [×Hear] after, increase など、本文にない語や表現を自ら調べて使ってみようとする様子が見られます。「柔道」の例では、本文のPart-2に使われていた分詞構文を意識した文が目立ちます。"wearing brightly-colored happi coats with different designs, …" の部分を参考にしながら、"Wearing 'Dogi', people have a judo match.", "Changing the rules, foreign judges are increasing" など、積極的にこの文法表現を活用しようとしています。しかしながら後者の例では、意味的なつながりを考えると消化不良の面があります。このような場合、意味に焦点を当てた活動のあとに再度形式に焦点を当てる機会を設けるとよいでしょう。最後の「たい焼き」の例（次ページ）では、ingredients など、本文中でも比較的覚えにくそうな単語を使っていたり、On the other hand, Nowadays など、文章間をつなぐ言葉も上手に取り入れています。また、

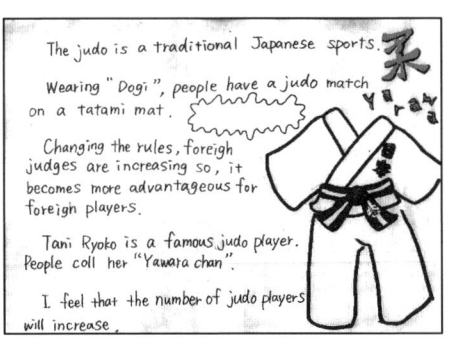

図7.2　生徒が作成した作品例（次頁も）

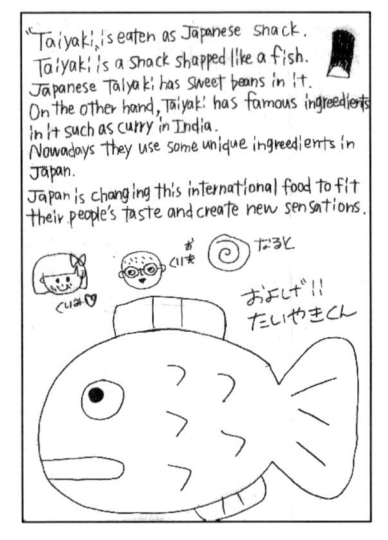

たとえば Taiyaki is eaten as (a) Japanese snack. と、受け身を自然に使っていたり、名詞を修飾する分詞として、"Taiyaki is a snack shaped[×shapped] like a fish." などと書いている点など、教科書にないさまざまな文法表現を使用しようとしている様子が見られます。実際にこの文章を書いた生徒は英語(特に文法問題など)を苦手としている面がある生徒ですが、今回のようなプロジェクトの中で自らを表現する機会を与えることで、さまざまな表現を使うことに挑戦できたと言えます。

5.3 評価について

評価については、授業の取り組みや作品、活動記録などを評価するポートフォリオ評価と、定期試験における評価とをあわせて行いました。

① ポートフォリオによる評価の例

作成した作品や活動の記録を生徒自身がファイリングしていきます。授業で行った活動の記録や参加状況などを一覧にしたチェックシートなどにまとめさせます。これらの記録を数値化すれば、評価に反映させることが可能になります。また、学習の記録をまとめることで生徒は自分の取り組みを振り返り、今後の学習方法の改善につなげることができます。

② 定期試験による評価の例

授業で行ったタスクと同様のタスクを、定期試験で出題します。リーディングやリスニングであれば、同じ構造、ジャンルで内容の異なった類似文を作成することが考えられます。教科書資料などに同じジャンルやトピックの英文が収録されていることがありますが、これらを利用するさいには語彙や文法表現、文章構造などが、学習した英文とどの程度類似しているのかを検討する必要があると思います。可能であれば、ALT などに依頼して作成してもらうか、自作の英文を作成して ALT などにチェックしても

らうとよいでしょう。

　これらの英文の内容を、授業で使用したような表にまとめるタスクを行うことで、同じジャンルの英文からの情報の読み取りができるようになったかどうかを見ることができます。このほか、項目に合った内容を英問英答で尋ねてもよいでしょう。オプションとして、文中の時間的な順序を入れ替えたり、教科書にはない内容を追加したりすることで、難易度を変化させることもできます。

　ここではライティング課題として実際に出題した課題英作文と、その評価基準表を紹介します。英作文を出題するさいには、含めるべき内容と評価項目をできるだけ明確に示しておくことで、学習への波及効果が期待できるとともに、同僚教員との指導方針の確認にもなります。

定期テストに出題したライティング問題とその評価基準の例

> **問題**
> 　自分の選んだ日本文化について説明しなさい(教科書において扱われた「寿司」、「よさこい祭り」、「三味線」は除く)。ただし次の内容を必ず含め、7〜10 文程度の英文で書くこと。
> 　① 文化についての基本的な説明　　② その文化についての新しい傾向や違いなど
>
> **英作文　採点基準[5 点満点]**
> **(1)　条件が満たされているか**
> ① 文化についての基本的な説明(十分に正しく説明されている[2 点]、情報量は十分ではないが説明されている[1 点]、十分に説明されているが誤りが目立つ[1 点])
> ② その文化についての新しい傾向や違いなど(十分に正しく説明されている[2 点]、情報量は十分ではないが説明されている[1 点]、十分に説明されているが誤りが目立つ[1 点])
> **(2)　作文全体に関して**
> 　十分な内容・分量であり、間違いも少ない[1 点]、最低限の内容にとどまっている・誤りが目立つ[加点なし]

(3) 文法的誤りの基準

　Minor mistake：冠詞、三単元の -s，単複の使い分け → 2ヵ所までは許容

　Major mistake：語順、スペリング、時制など → 減点の対象とする

第8章

▼
他技能と結びつけたリーディングの評価

　日常において、私たちは4技能を統合してコミュニケーションを行っています。たとえば、授業で先生の説明を聞いて、それをノートにとり、それを読んで復習するといった具合です。高等学校学習指導要領（文部科学省、2009）でも、聞いたことや読んだことをもとに話したり書いたりするというように、4技能を有機的に結びつけたコミュニケーション能力の育成が求められています。そのような授業の変化に伴って、評価も技能統合的なものが自ずと求められてきます。もちろんリーディングも例外ではありません。この章では、すでに以前の章で部分的に紹介してきたライティングやスピーキングと結びつけたリーディングの評価方法を改めて紹介します。

1. ライティングと結びつけたリーディングの評価

　本節では、教科書を活用してリーディングとライティングを有機的に結びつける活動として、(1) Writing a Letter と (2) Poster Making を紹介しながら、その評価について説明します。

1.1　Writing a Letter 〈物語文〉

　この活動では、生徒は教科書の物語文を読み、その中の登場人物として手紙を書きます。例として下の教科書を使った活動とその評価を見てみましょう。

　Clifton という少年が学校の旅行でメリーランド州に行ったとき、先生から黒人だから遊園地にはみんなと一緒に行けないと言われた後に、

友人の Frank がとった行動についての話です。
> Later the room was filled with boys listening to Frank.
> "They don't allow black people in the park, so, I'm staying with Clifton."
> "Me too," a second boy said. "I'll stand by you, Clifton," a third agreed.
> In the end, eleven white boys decided not to go. They wanted to go to that park as much as I did, but there was something even more important.
> That night, another teacher came to our room, holding an envelope. "Boys," he shouted. "I've just bought 13 tickets to the Senators-Tigers game. Anybody want to go?" There were shouts of happiness.
> On the way to the ball park, we made a short stop at the Lincoln Memorial. For one long moment, I stared at the statue of Lincoln in a warm yellow light…
> —*PRO-VISION ENGLISH COURSE I*, New Edition（平成 19 年度版、桐原書店）, Lesson 7, "A Mason-Dixon Memory," pp. 82–83 より。

生徒はこの英文を読んだ後、次のような設定で英語の手紙を書きます。

> 【Situation】You are Clifton. You came back from the field trip. Please write a letter to Frank in order to show how you felt about what he did for you.

　生徒の書いた英文を次ページのようなルーブリックに基づいて評価します。評価項目の「手紙の書式」と「英語の表現」ではライティング力を評価しています。一方、「手紙の内容」については Frank が Clifton のためにどのような行動をとったかや、それに対して Clifton がどのような気持ちになったかという生徒のより深い読解力を英作文を通して評価します。評価は 3 段階評価で行います。3 項目ですので満点は 9 点ですが、内容理解を重視するのであれば、「手紙の内容」の得点を 2 倍にするなど傾斜配点にするのもよいでしょう。また、評価の一環として高得点者の手紙をクラ

スに掲示し、自分がFrankだったら最も嬉しいCliftonからの手紙を生徒自身が投票で選ぶこともできます。他の生徒にとってよい英作文のモデルが示されるとともに、生徒相互評価を評価の一部として取り入れるよい機会となると思います。

表8.1 手紙の評価のためのルーブリック例

評価項目	1	2	3
手紙の書式	本文のみ書かれている。	宛名、本文、差出人が書かれている。	2に加え、本文に始めや終わりの挨拶がある。
手紙の内容	Frankの行動とそれに対する感謝の気持ちが少し感じられる。	Frankの行動とそれに対する感謝の気持ちがある程度感じられる。	Frankの行動とそれに対する感謝の気持ちが強く感じられる。
英語の表現	英語の間違いが多く、わからない点も多い。	英語の間違いはあるが、主旨は読み取れる。	英語の間違いが少なく、主旨がよく読み取れる。

1.2 Poster Making 〈説明文〉

説明文ではしばしば時系列で内容が説明されます。そこで、教科書の説明文を読んで内容を英語でまとめ、ポスターを作成することによりリーディングとライティングを統合した活動とします。では、下の教科書の英文を読んでポスターを作成する活動と評価を例にとってみましょう。

> The first hominids evolved more than four million years ago in East Africa from apes that moved on all fours. Those apes were well adapted to climbing trees, but geological and climatic changes in the region greatly reduced their forest habitat and increased the amount of prairie or savanna. That development favored the evolution of primates that could stand upright, look out over the grasslands, and walk long distances on two feet in pursuit of food, which they could then bring back with their hands.
>
> Human evolution entered a major new stage with the appearance of

Homo habilis（handy man）nearly 2.5 million years ago. Equipped with a brain roughly half as large as that of modern humans, these handy primates were the first to make and use tools…
　—*ELEMENT English Reading*（平成 19 年度版、啓林館）, Lesson 12,
　　"Out of Africa: Human Evolution and Early Migration", p. 145 より。

　教科書では、hominids と Homo habilis ばかりでなく、Homo erectus, Archaic Homo sapiens, Neanderthals, Homo sapiens（modern human）の説明が続きます。生徒はその英文を読んだうえで 6 人のグループを作ります。次に、右のようなハンドアウトを使いながら人間の祖先について、それぞれの生徒が別々の祖先について英語でまとめます。最後にそれら 6 枚のハンドアウトを模造紙に貼り合わせることにより 1 枚のポスターを作成します。ポスター作成にあたっては、人類の祖先の写真や絵を貼ったり、貼り合わせ方に工夫したりするなど、独自性のあるポスターを作るよう促します。

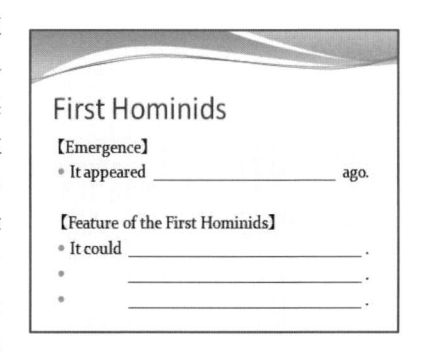

First Hominids
【Emergence】
・It appeared ＿＿＿＿＿＿＿＿＿＿ ago.
【Feature of the First Hominids】
・It could ＿＿＿＿＿＿＿＿＿＿.
・＿＿＿＿＿＿＿＿＿＿.
・＿＿＿＿＿＿＿＿＿＿.

図 8.1　ハンドアウト例

　評価については、下のようなチェックリストを使用し、① 出現の時期が正しいかどうか、② その人類の祖先の特徴はいくつ書かれているか、③ 英語の表現はどうか、という観点からそれぞれハンドアウトとしてまとめたものを評価します。① と ② の評価項目がリーディングの評価にあたります。③ はライティングの評価となります。④ は独自性のあるポスターがで

表 8.2　チェックリスト

チェック項目	評　　　価		
① 出現時期	□ 正しい		
② 特　　徴	□ 1 つ	□ 2 つ	□ 3 つ以上
③ 英語の間違い	□ やや多い	□ いくつか	□ 少ない
④ ポスター	□ まずまず	□ よい	□ 非常によい

きたかどうかグループとして評価します(同一グループの生徒は、④ については同じ評価を受けます)。評価項目 ① は 1 点、評価項目 ②、③、④ については低い評価は 1 点、高い評価は 3 点とし、全体で 10 点満点とします。評価項目 ④ のポスターの出来については、ポスターを教室に掲示して生徒による投票を行い、評価の一部とするのもよいと思います。また、このような活動と評価は、グループ・プレゼンテーションへの橋渡しにもなります。

2. スピーキングと結びつけたリーディングの評価

　リーディングで読み取った内容をライティングに結びつけて行う評価と、スピーキングに結びつけて行う評価には、読み取った内容をプロダクション(産出)したものを評価するという点で共通しています。一方で、ライティングは産出したものが残りそれを評価しますが、スピーキングの場合は、ビデオ録画や録音などをしないかぎり聞いたその場で評価しなくてはなりません。そこで、スピーキングを通してリーディングの評価を行う場合、効率よく評価を行うためにチェックリストやルーブリックなどの評価シートの活用が重要となります(高島、2005)。本節では、スピーキングと結びつけたリーディングの活動とその評価を紹介します。

2.1　再話を使ったリーディングの評価　〈物語文〉

　第 4 章でも紹介した再話(Retelling)は読んだ内容の理解度を測ることができる活動です(卯城、2011)。この活動の評価はレッスンでの読解終了後、生徒相互評価を使い継続的評価[1]として行います。一方、教員が評価を行うことで、定期試験のような一括的評価[2]にすることもできます。

　上述した A Mason-Dixon Memory の物語を例にしてみましょう。生徒は英文を読んだ後、3 人のグループを作り、Clifton, Frank, 先生のそれぞれの視点から再話を行います。そして次ページのようなチェックシートを

---

　1)　単語テストなど、生徒の学習成果の情報を学習指導期間の全般にわたって複数回収集して評価する方法(松沢、2002)。
　2)　学年末の成績評定のように、教師と生徒の学習成果を要約する評価(松沢、2002)。

使って、生徒がお互いに評価をします。3人のグループですので発表者以外の2人が発表者を評価します。下のチェックシートは、自分はClifton役で、Frank役と先生役の生徒の再話をチェックするシート例です。

図8.2　再話チェックシート例

Retelling Activity

　　　　　　　　　　　Class　　No.　　Name

【Story Retelling】
You are **Clifton.** *Tell your group members what happened during the field trip as much as possible.*

☆　**Retelling Check Sheet**　☆

Listen to your group members' stories carefully. Check (✓) what they said.

【Story from **Frank**】Frank is ＿＿＿（performer's name）
- ☐ Frank asked his friends to come to his room.
- ☐ Frank and 11 boys decided not to go to the park.
- ☐ The teacher took Frank and other students to the baseball game instead.

【Story from **the teacher**】The teacher is ＿＿＿（performer's name）
- ☐ The teacher heard that 11 boys decided not to go to the park.
- ☐ The teacher bought baseball game tickets.
- ☐ The teacher took the boys to the baseball game.

上でも述べたように、再話ではリーディングにおける内容理解を、スピーキングを通して評価することができます。1レッスンの英文は、実際には上の例文より長くなりますので、チェック項目を5つ程度用意します。5項目であれば、1項目2点で10点満点とします。相互評価の信頼性をより高めたい場合は、生徒評価者の人数を多くしたり、このような評価の回数を多くしたりするとよいでしょう。もちろん、教員が評価することも必要です。外国語指導助手（ALT）や他の教員と協力することにより、スピーキングの評価を迅速に行うことも可能ですし、よりフォーマルな評価になります。

2.2 プレゼンテーションを使ったリーディングの評価 〈説明文〉

生徒が教科書で読んだ内容をもとにグループ・プレゼンテーションを行い、それを評価します。"Fading Milky Way"（*PRO-VISION ENGLISH COURSE I* [平成19年度版、桐原書店], New Edition, Lesson 9, pp. 104–112）での活動を例にとってみましょう。生徒は、light pollution（光害）についての英文を読みます。その英文の内容をもとにグループごとにフィールドワークを行い、自分たちの身近にある light pollution を見つけ、それについてのプレゼンテーションを行います。1グループの人数は3人程度で、プレゼンテーションには(1)フィールドワークで見つけた身近にある light pollution の写真、(2)その写真の説明、(3)見つけた light pollution の問題点、(4)改善方法の4点を含めるものとします。プレゼンテーションは5分とし、グループのメンバー全員が発表するものとします。

プレゼンテーションの評価は下のチェックリストに基づいて教員が行います。発表態度と英語表現についてはそれぞれの発表者について3段階で評価します。一方、発表の内容についてはグループ発表なのでグループ全体として評価します。リーディングの理解についても、発表内容の評価を通して確認します。教科書の内容理解がなければ、身近な光害を見つけることはできませんし、それについての説明や問題点、改善方法なども発表

表8.3　プレゼンテーション・チェックリスト

Group No. ____	**Light Pollution Group Presentation**		
発表順	生徒名	発表態度(*1)	英語表現(*2)
1		1　2　3	1　2　3
2		1　2　3	1　2　3
3		1　2　3	1　2　3
発　表　内　容			
1		2	3
写真の説明、問題点、改善方法のいずれかに不十分な点が多く、説得力が弱い。		写真の説明、問題点、改善方法などの必要な情報はおおむね入り、説得力も感じる。	写真の説明、問題点、改善方法などの必要な情報はすべて入り、説得力も高い。

*1　アイ・コンタクト、ジェスチャーなど(1＝もう少し、2＝まあまあ、3＝良い)
*2　英語表現の正確さ(1＝もう少し、2＝まあまあ、3＝良い)

できないからです。評価は個人点とグループ点を合わせて評価します。

2.3 ディベートを使ったリーディングの評価　〈評論文〉

　4技能を有機的につなげることのできる活動として、教科書を使ったミニ・ディベートとその評価を考えてみましょう。ディベートでは、準備においてスキミング(skimming)やスキャニング(scanning)など必要に応じた高いリーディング力が求められるとともに、メッセージのやりとりに焦点が置かれる魅力的な活動です。"Genetic Engineering and Food Production"(*ELEMENT English Reading*［平成19年度版、啓林館］, Lesson 7, pp. 83–87) を使ったミニ・ディベートを例にしてみましょう。教科書のテーマをもとに、論題は "Genetically modified foods should be produced." にします。生徒は4人一組となり、そのうちの一人が肯定側発表者、一人が否定側発表者、残りの2人が審判となります。下の図のようにそれを順番に行い、それぞれの生徒が肯定側と否定側の発表を1回ずつと審判を2回行います。

肯定側発表　①　②　否定側発表

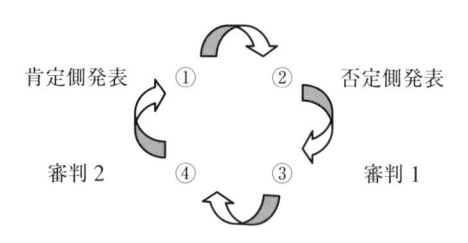

審判2　④　③　審判1

図8.3　ミニ・ディベートの展開　(*番号は生徒を表す)

　ミニ・ディベートですので教科書の内容をもとに肯定側、否定側両方の立論を作成し、それを発表して、審査を行います。立論は、(1)主張、(2)主張を支持する理由2つ、(3)理由の根拠・データ、の3点を含めて構成します。必ずしも理由の根拠やデータが教科書にすべて書いてあるわけではありませんので、遺伝子組み換え食品の補足資料を与えることにより、さらなるリーディング活動となります。審判は次ページのようなチェックシートをもとにディベートの評価を行います。

表8.4 審判用チェックシート

		立　論　発　表	勝者
【肯定側】 発表者 （　　　）	3	主張＋理由（2つ）＋根拠・データも十分である。	
	2	主張＋理由（2つ）＋根拠・データも少しある。	
	1	主張＋支持する理由（2つ）ある。	
【否定側】 発表者 （　　　）	3	主張＋理由（2つ）＋根拠・データも十分である。	
	2	主張＋理由（2つ）＋根拠・データも少しある。	
	1	主張＋支持する理由（2つ）ある。	

＊ミニ・ディベートを聞いて、当てはまる番号に○。また、勝者に○を記入。

　教員は、審判用シートを回収し、2人の審判の合計点を継続的評価の一部として評価します。立論の理由や根拠はおおむね教科書から読み取れますので、審判が「2」以上の評価をしていれば教科書を十分に読み取っていたと考えられます。さらに、評価「3」は生徒が補足資料や自ら調べたものを読んで、それを理解していたと判断します。評価の信頼性をより高めるために多面的に評価を行いたい場合は、生徒が書いた立論を提出させて、それを評価に加えるのもよいと思います。リーディングで理解したものをもとに、目的を持って英文を書き、それを発表するという多技能を統合する活動にもつながりますし、その活動を多角的に評価することにより、評価の信頼性や妥当性も高まるからです。

　さらに、生徒の英語熟達度やリサーチにかけられる時間に応じて、アタックやディフェンス、サマリーなどを加えて、1グループ4人程度で行うフル・ディベートにつなげることもできます。その場合、ディベート評価の難度は高くなりますので、できれば複数の教員が行うフォーマルな評価にしたほうがよいと思います。

　ディベートはリサーチしたものをどれくらい読み、どれだけ準備するかが結果を大きく左右します。スピーキングやリスニング中心の活動に思われがちですが、そのもととなるのは読み取った情報であり、ディベートを評価することでリーディングの量と質を問うことができるのです。

　最後に、他技能と結びつけたリーディングの評価をしていくうえでの5つの注意点をまとめておきましょう。1つは授業の目標と何が評価される

のかを事前に生徒に伝えることです。そのことにより生徒は学習目標を明確にし、意欲的に学習に取り組むことができるからです。2つ目はシラバスの活用です。年間学習計画の中で上述したような活動と評価をいつどのように行うのかを予定しておくことにより、教員は授業での活動を自信を持って評価に反映させることができます。3つ目はチェックリストやルーブリックの活用です。これらを事前に準備しておくことにより教員間で評価基準を共有することができるとともに、より効率的かつ信頼性の高い評価が可能となります。4つ目は、生徒相互評価のような代替評価[3]の活用です。小テストのように継続的評価として教員評価を補完することが可能であるとともに、生徒の学習目標を明確にしたり、意欲を上げる効果もあります。5つ目の注意点は、評価の多角化と複数化です。多技能が統合されたコミュニケーション活動の評価は、パフォーマンスを主観的に評価したり、評価時間が限られる場合も多く、必ずしも簡単な評価ではありません。評価の妥当性や信頼性を高めるため、より多くの面から評価するとともに、評価の回数も増やしたいものです。

　この章では、他技能と結びつけたリーディングの評価について紹介しました。リーディングに焦点がより当てられる評価もありますし、他技能に焦点が当たる場合もあります。また、評価も生徒の学習に対する意欲を高めたり、学習に対する姿勢を形成するための形成的評価もあれば、フォーマルなパフォーマンス評価もあります。さらに、評価が多技能に渡りますので、妥当性や信頼性を保つためには多角的に評価していくことも重要でしょう。授業を「英語を活用する場」と位置づける新学習指導要領の導入に伴い、英語の技能を有機的に結びつけた活動はますます多くなるでしょう。そのような活動に対する評価の必要性も高まるとともに、より多角的で柔軟なリーディング評価が求められてくることと思います。

---

[3]　標準テスト法(standardized testing)に代わる評価法。チェックリスト法、記録簿、自己評価、相互評価、ポートフォリオなどを用いる(松沢、2002)。

第9章
▼
多読や小テスト、音読テストでリーディングの力を測る

　評価は、定期テストや実力テストだけで行われるものではありません。日頃の授業での活動を評価したり、小テストを行ったりすることで、生徒の学習状況を確認するとともに、到達目標に対して何ができており、何ができていないのかを確認するための評価をすること（形成的評価）も必要です。たとえば、多読の記録や小テストなどを効果的に評価に取り入れることで、生徒に達成感を与えるとともに、生徒が授業での活動に積極的に取り組むようになるなどの波及効果を生み出すことが期待できます。この章では、授業で多読を行うさいの評価方法や、リーディングの能力を支える語彙力の定着を確認する小テストの作成方法と留意点について紹介するとともに、英文の内容理解を測る音読テストの方法についても提案します。

1. 多読の評価

　多読（extensive reading）は「意味を読み取ることを中心目的にして大量に教材を読むこと」と定義されています（白畑・冨田・村野井・若林、1999, p. 108）。また、多読活動の特徴として、1)楽しむためや情報を読み取るために読む、2)読み手の注意は意味内容に置かれる、3)読む教材は平易なもので学生が選ぶ、4)読む量は多い、5)読むスピードは速い、6)辞書を使わず、好きでなければ途中でやめてもよい、などが挙げられます（Day & Bamford, 1998）。これらの特徴から、次のような多読での学習目標が考えられます。

　　① 英語で直接意味を理解する。
　　② 全体的な意味内容に重点を置いて読む。

③ 未知の語は、推測して読む。
④ 目的にあった適切な速さで読む。
⑤ たくさん読む。
⑥ 語彙や構文の知識をつける。
⑦ 読書の習慣を身につける。
⑧ 読解力を向上させる。

　実際の授業では、これらの目標のうちどれに焦点を当てて多読活動を行うかによって、その評価方法も変わってきます。ですから授業で多読を行うにあたり、シラバスなどであらかじめ目標を明確にしておきます。
　しかし、多読は評価が難しい活動でもあります。というのも、多読は生徒が主体的にリーディングを楽しむ活動であり、課題や評価がその環境に影響を及ぼしてしまうかもしれないからです（酒井・太田・柴田、2004）。また、読んでいる本の内容や難易度も生徒それぞれに異なります。一方で、多読を授業で行うかぎり学習目標を立て、それがどのくらい達成されているか評価しなければなりませんし、生徒に対して適切なフィードバックを与えることも必要となります。以下ではポートフォリオを活用した評価、テストでの評価、他技能と合わせた評価を紹介します。

1.1　ポートフォリオを活用した評価

　多読活動での主要な目標の1つは、文字通りたくさん読んで、英語で読む習慣をつけることです。多読では、生徒が自分の好きな本を自分のペースで読みます。生徒は、それをポートフォリオにまとめ、教員は読語数を評価の一部とします。ポートフォリオ形式を評価に使う利点として、1)生徒が記録をとることで多読の継続を援助する、2)書評や読書レポートなどを見ることにより生徒による記録読語数の信頼性を高める、3)教員が一括して評価をすることができる、4)教員が個々の生徒に対してフィードバックを与えることができる、などがあります。次の例は2学期制の高校で前期の目標読語数を3万語に設定した読語数記録用紙です。

図 9.1 読語数記録用紙例

語数	April	May	June	July	Aug.	Sept.
読語数	5,567	3,780	4,385	7,432		
累計数	5,567	9,347	13,732	21,164		
Student's Commnet	5,000語目指して頑張れた	ペースが落ちてしまった	目標までもう少し	夏休みに入り頑張った		
From Teacher	目標達成です！	頑張りましょう！	目標は近いですよ	拙田しましたね！		

　教員は月に1回程度ポートフォリオを生徒から回収し、それぞれの生徒の読語数を確認・記録します。右の表のように読語数を評価します。目標達成の3万語を10段階中8の評価とし、それ以上に読んだ生徒にもより高い評価を与え、意欲を下げないようにします。また、目標の半分を評価の下限としましたが、教育現場の状況に応じて決めるとよいと

読語数	評価
40,000 ～	10
35,000 ～ 40,000 未満	9
30,000 ～ 35,000 未満	8
25,000 ～ 30,000 未満	7
20,000 ～ 25,000 未満	6
15,000 ～ 20,000 未満	5

表 9.1　読語数による評価例

思います。さらに、読語数は自己申告になりますので、他の評価と合わせて活用し、多面的に評価を行うことも大切です。定期的に評価し、記録表には教員のコメントを入れるなどして生徒にやる気を与えていくという点で、ポートフォリオによる評価は、一括的評価の一部としてばかりではなく形成的評価ともなり、さらなる多読の指導にも生かしていくことができます。

1.2　テストでの評価

　多読を授業で取り入れている場合、その効果を定期テストでも測りたいものです。特に、英語の授業の一部として多読活動を入れている場合、も

ともとテストはあるわけですから、生徒にとっても教師にとっても過度な負担にはなりませんし、上で述べた多読の目標が達成されているかどうかを見るよい機会でもあります。多読の目的に応じて、次のような出題形式が考えられます。

表 9.2　多読テストの出題形式と目的

出題形式	出題の目的
①　True/False 問題	主旨、内容をとらえているか 適切な速さで読めるか
②　要約	主旨、内容をとらえているか 語彙や構文の知識がついているか
③　推測	未知語の推測ができるか
④　意見をまとめる	意味内容に重点を置いて読んでいるか 語彙や構文の知識がついているか
⑤　クローズテスト	読解能力が向上しているか 語彙や構文の知識がついているか

　どの出題形式についても言えますが、多読のテストでは、1) 初出の文章を出題すること、2) 長い文章を出題すること、3) 言語に焦点を置いた出題をしないこと、の3点が大切です。初出の文章を出題するのは、記憶力ではなく、実際の読解力を見るためです。また、長い文章を出題するのは、多読の目的の1つが文章の内容を英語で直接理解することだからであり、時間的に日本語訳をしていては間に合わないような量を出題します。3点目についても、多読の目標は内容理解であり、細かな言語材料に焦点を当てたものではないからです。多量の英文を、内容に重点を置いて速く読むことはどの出題形式でも問われていると言えるでしょう。

　まず、True/False 問題では、全体的な内容理解を問う質問を出題します。また、多読で目標とする速度で読まなければならないように量を意識して出題するようにします。

　次に要約問題ですが、この形式では英語や日本語で内容をまとめるばかりではなく、英語の要約文の中の単語を（　）として抜いておく方法も考えられます。そのさい、本文で使われていた単語の上位語を抜くなど、英文からそのまま抜き出しても答えになりづらい問題も用意するとよいでしょ

う。それにより生徒のより深い理解度と語彙力を問うことができます。

未知語の推測をさせる問題では、本文中の未知語と思われるところに下線を引き、その内容に近い別の英語表現を選択肢から選ばせることで、意味の推測を通して読解力を測ります。

読んだ英文に対する意見を求める出題では、生徒は英文の内容に重点を置いて読まなくてはなりません。英文に対する理解はもちろん、自分の意見を表現する語彙力や構文力なども問われます。出題例を挙げてみましょう。

Do you agree with the author's opinion? Why or why not?
If you were the main character of the story, what would you do?

最後にクローズテスト(cloze test)ですが、これは読解力を含めた英語力を測るテストです。同じクローズテストを英語コースの始めと終わりに行うことで、英語力の変化と多読の成果を見ることもできます。

1.3 他技能と合わせた評価

高等学校学習指導要領(文部科学省、2009)では、英語による授業ばかりでなく、英語4技能が統合された授業が求められています。それは多読活動を使った授業も例外ではありません。また、より効果的な言語習得のために、多読活動で触れる言語項目の量ばかりでなく、読後活動を通してより深い言語処理をすること、つまり質も求められています(村野井、2004)。このため多読と他技能を統合した活動の評価も必要になってきます。ここでは、多読と書評、プレゼンテーションやインタビューを結びつけた評価を紹介します。

① 書評

書評は読んだ本についての簡単なまとめや、本についての感想を書くものです。多読の読後活動としてライティングへと有機的に関連づけることができる活動であり、多読の評価としても活用することができます。

書評では、生徒は自分の読んだ本のあらすじと感想を英語で書き、他の生徒にその本のお薦め度を教えることを目的とします。書評を書くときには、その本にできるだけ興味を持ってもらえるようにすることが大切です。

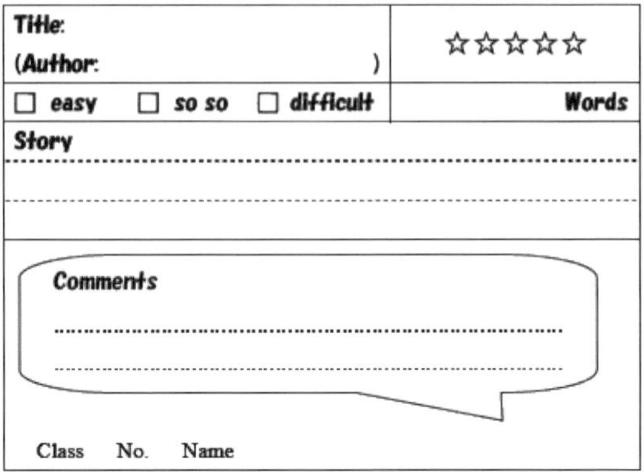

ミシュラン書評と名付けた右の例のように、お薦め度を星(☆)の数で表すとわかりやすいものとなりますし、お薦め情報の雰囲気がさらに出ます。

書評の評価は、あらすじとその本のお薦め度についてのコメントを下のようなルーブリックに基づき3段階で行います。本のあらすじの評価を通してリーディングの理解度を評価することができます。また、お薦めの理由を含めたコメントも、その本についてのより深い内容理解が前提となりますので、読解力を反映した評価と言うことができるでしょう。

図9.2　ミシュラン書評

```
Title:
(Author:              )           ☆☆☆☆☆
□ easy   □ so so   □ difficult      Words
Story
..........................................
..........................................

  Comments
  ....................................
  ....................................

Class   No.   Name
```

表9.3　書評ルーブリック例

	1	2	3
Story	あらすじが上手く伝わらない。	あらすじはおおむね伝わっている。	あらすじがよく伝わっている。
Comments	お薦めの(お薦めしない)理由がはっきりしない。	お薦めの(お薦めしない)理由はわかる。	お薦めの(お薦めしない)理由に説得力がある。

② プレゼンテーション

　自分の読んだ本の中で、興味深かったもの、印象に残っているものについてプレゼンテーションを行うことにより、リーディングとスピーキングを統合した活動とその評価を行います。プレゼンテーションは2〜3分程度の短いものでかまいません。書評同様、読んでよかった本の概要とよかった理由を発表し、他の生徒に薦めます。実際に読んだ本を見せながら、挿絵などを紹介したりするとさらに効果的です。

プレゼンテーションは、下のようなルーブリックをもとに評価します。このルーブリックはCommon European Framework of Reference(Council of Europe, 2001)を参考に6段階評価を使っています。まず上(Advanced)・中(Intermediate)・下(Beginner)に分けたうえで、その中で「中の上」(評価4)などと分けることができるので、より簡単かつ適切に生徒の力を評価することのできる形式だと思います。もちろん、さらに簡略化して3段階評価にすることも可能です。あらすじと推薦理由からリーディングの理解度を評価している点は、書評の場合と同様です。また、発表ですので、コミュニケーションを図ろうとする姿勢も評価します。プレゼンテーションの場合は聴衆であるクラスメイトに相互評価をしてもらうのもよいと思います。クラス全体の評価をまとめると十分教員評価を補完するものとなり得ますし(Fukazawa, 2010)、生徒の聞く態度も向上します。

表9.4 プレゼンテーション用ルーブリック例

	Beginner		Intermediate		Advanced	
	1	2	3	4	5	6
あらすじ	内容がまったく／ほとんど伝わらない。または、話さない。	内容が少し伝わるが、わからないところが多い。沈黙が多い。	内容はわかるが、わかりづらい点がいくつかある。少し沈黙がある。	内容はわかるが、わかりづらい点が少しある。沈黙はあまりない。	内容が効果的に伝えられており、わかりづらい点もほとんどない。	内容がとても効果的に伝えられており、わかりづらい点もない。
お薦め度	お薦めの理由がよく伝わらなかった。		お薦めの理由はおおむね伝わった。		お薦めの理由がとてもよく伝わった。	
姿勢	メッセージを伝えようとする姿勢があまり感じられない。		メッセージを伝えようとする姿勢が感じられる。		メッセージを積極的に伝えようとしている。	

③ インタビュー

プレゼンテーション同様、多読とスピーキングを有機的につなげることができるのがインタビューです。生徒の書評をもとに、本の内容や意見を問うようにします。読んだ本のあらすじや、その本についての意見を評価

するのは、書評やプレゼンテーションの要領と同じです。そのため、プレゼンテーションのルーブリックをインタビューにも活用することができます。

【内容についての質問例】
What is the most interesting story you have read lately?
Please tell me about it.
【意見を聞く質問例】
Why do you like the story? ／ What is your favorite part of the story? ／ Who is your favorite character in the story? Why?

　本節では、多読の定義と多読の学習目標を確認したうえで、その目標に対する評価方法を紹介しました。読むことを楽しめる環境を保ちながら、意味中心の活動や他技能と結びつけた活動を評価することには、ある程度の難しさも伴いますし、注意も必要です。しかし、より多角的に評価を行うことにより、評価の信頼性や妥当性を保ち、かつ多読をより魅力的な活動にしていくことができることでしょう。

2. リーディング力向上につなげる小テスト

　リーディング力向上のためには、基礎となる語彙力が欠かせません。前節で挙げたような多読を通して、自然に語彙知識が増えるのではないかとも考えられています(Nation, 2009)。しかし、付随的学習(incidental learning)が起こるのは、新しく出会った単語のうち5〜15%であり、10〜12回は文中で出会う必要があると言われています(Grabe, 2009)。単語の意味を理解する(綴りと意味を結びつける)ことだけを目的とした場合には、日英単語をペアにして暗記する学習法が効率的でしょう。しかし、語彙知識には「広さ(breadth)」以外にも、「深さ(depth)」「流暢さ(fluency)」(Daller, Milton, & Treffers-Daller, 2007)の側面があります。多読のように、文章理解を通して語彙力増強を図る場合には、(1)すでに知っている単語をさらにしっかり覚えることができる、(2)意味が関連している語のネットワークを作ることができる、(3)意味を理解するスピードが速くなる、と考えられます。本節では、予習や授業で読んだ文章を活用し、多面的な語彙知

識を伸ばす小テストを紹介します。
　毎回の授業で小テストを行う場合、その準備・実施・採点には、それほど多くの時間を費やすことはできません。第7章の1節において、教科書本文を用いたクローズテスト（選択式・記述式）が紹介されていますが、より簡単に採点できるのは選択式テストです。本節では、第7章で例示されていた以下の英文を用いながら、測定したい語彙知識の側面に合わせた選択肢作成について紹介します。

> When you ask someone to draw a map of the world, you will find that few people have a very accurate idea of what the world looks like. You might expect some errors in the positions of countries. After all, this is a task that requires a certain skill with a pencil and a good memory. But nobody even knows the relative size of continents! They tend to enlarge them or make them smaller, according to their point of view. For this reason, the home continent is often drawn too large. A Brazilian, for example, tends to enlarge the continent of South America, while a Vietnamese enlarges Asia.
> 　—*Element English Reading Skills Based*（平成20年度版、啓林館）、
> 　　　　　　　　　　　　　Lesson 1, "Errors in Geography" より。

2.1　単語の意味（広さ）を問う

　単語の意味に関する知識を問うための選択肢作成として、次の3点に注目します。

　　A．予習の確認・内容理解を測る（トピックに関する単語を問う）
　　B．意味ネットワークの構築をはかる（同義語を選ばせる）
　　C．英語の理解を英語で測る（定義を選ばせる）

　英文を読んできたかどうかを簡単に確認する場合や、内容理解の程度を測る場合には、トピックに関する内容語を問題とします。名詞や動詞など、キーワードとなる単語であれば、新出語である必要はありません。

1. When you ask someone to draw a (　　) of the world, you will find that few people have a very accurate idea of what the world looks like.
    a. country　　b. map*　　c. view

　例題1の選択肢は、文章の内容をしっかり覚えているかどうかを問うために、文章中で使われている英単語を使っています(*印が付いているものが正答)。正答以外の選択肢を、トピックとは無関係なもの(たとえば、a. line, b. map, c. tree)とすることによって、難易度を下げることもできます。

　続いて、単語間の意味ネットワークの構築を促すための形式に注目します。新出語の場合、同じ意味(近い意味)を持つ単語を選ぶ形式を用いることで、同義語や類似語と合わせた学習を促進することができます。

2. When you ask someone to draw a map of the world, you will find that few people have a very accurate idea of what the world looks like.
    a. correct*　　b. limited　　c. unique

3. But nobody even knows the relative size of continents!
    a. average　　b. comparative*　　c. ideal

　例題2や例題3では同義語が正答となっていますが、錯乱肢も、前後の単語と組み合わせて使うことのできる単語です。そのため、目標語の意味や文脈全体を理解していなければ、正答を選ぶことができません。このような選択肢作成に便利なのが、Googleのフレーズ検索機能です。Googleで、2語以上のフレーズを引用符で囲んで検索すると、そのフレーズが使われている文脈が検索できます。また、フレーズの間に何か別の語句が入る例を検索することも可能です。たとえば、"the ○○ size of"というフレーズを(○○に何単語か入るケースを含めて)検索する場合には、"the * size of"と、引用符の○○部分に*印を使います。すると、the true size of, the average size of, the actual physical size of, the font size of など、さまざまな例を検索できます。

　最後に、英単語の定義を選ぶ形式です。選択肢の定義は、英英辞典から引用します(以下の例は、オンライン辞書 *Wordsmyth* を参照)。

> 4. When you ask someone to draw a map of the world, you will find that few people have a very accurate idea of what the world looks like.
>   a. free of mistakes; careful and precise*
>   b. lacking the capacity to think imaginatively
>   c. having no equal; different from everything else

この形式の場合、選択肢を読む必要があるため、解答に時間がかかります。問題数を少なくしたり、解答時間を長めに設定したりする配慮が必要です。また、英英辞典で、定義がどのように書かれているかを事前に指導することも大切です（卯城、2011）。

2.2 単語の用法（深さ）を問う

単語の用法に関する知識を問うための選択肢作成として、次の2点に注目します。

　　A．品詞の理解を測る（接頭辞と接尾辞の工夫）
　　B．コロケーションを問う（単語同士の組み合わせ・機能語を問う）

品詞の理解を測るテストを行う場合には、テスト実施の事前・事後に、どのような接辞情報が重要であるかを学習する機会を設けておくことが大切です。

品詞を示す接辞の例

名詞（例）	形容詞（例）
-tion / -sion（demonstration, admission） -ment（development） -ence / -ance（dependence, attendance） -ity（ability） -ness（darkness）	-al（central, national） -ive（attractive） -ous（famous）
	動詞（例）
	-ate（differentiate） -en（shorten）

意味を付加する接辞の例

接頭辞（意味）	例
non-, un-, in- (im-, il-, ir), dis-（〜でない） anti-（反〜、対〜） en-(em-, in-)（〜する） mis-（誤った） sub-（下、副） re-（再、新たに）	impossible, disadvantage anti-virus enlarge misunderstanding subcategory release
接尾辞（意味）	例
-able（〜できる） -ist, -(i)an, -er（〜する人） -ee（〜される人） -less（〜のない） -ful（〜に満ちた） -ize（〜化する） -hood, -ship（性質や身分を示す）	drinkable pianist, politician, employer employee meaningless meaningful minimize childhood, friendship

> 5. They tend to (　　) them or make them smaller, according to their point of view.
>   a. enlarge*　b. large　c. larger
>
> 6. But nobody even knows the (　　) size of continents!
>   a. relation　b. relative*　c. relatively

　上記の例の場合には、意味の知識よりも、文脈から文法情報を抽出することが重要です。たとえば、例題5はto不定詞であることがわかれば、空所に入る動詞（enlarge）を選ぶことができますし、例題6では冠詞と名詞の間に含まれる形容詞（relative）を選ぶことができます。

　続いて、コロケーションの理解を問う例を挙げます。例題7は「地図をかく」という場合に使用する動詞を、例題8は「〜に誤り（errorやmistake）がある」と表現する場合に、どの前置詞を使用するかを問うています。

> 7. When you ask someone to (　　) a map of the world, you will find that few people have a very accurate idea of what the world looks like.
>   a. draw*　b. read　c. paint
>
> 8. You might expect some errors (　　) the positions of countries.
>   a. in*　b. of　c. on

　例題7では、錯乱肢にread を入れることによって、「地図を読む」がread a map と表現できることを説明できますし、日本語の「かく」には、複数の英単語があることに気づかせることができます。英英辞典(*Wordsmyth*)で定義を確認すると、draw は "to make a picture with a pen, pencil, or other writing tool" であり、paint は "to cover with paint (coloring material); to make a picture or design using paint" となっています。さらに、選択肢を a. draw, b. paint, c. write とすれば、write "to form letters or words on a surface with a pen, pencil, or some other thing" との違いにも目を向けさせることができます。

2.3　単語の音と綴りに注目する

　単語の学習では、音・綴り・意味を結びつけることが重要です。生徒をペアにしてテストを行うことによって、発音にも注意を向けた学習を促すことができます。

　　A．単語に目を向けたディクテーション
　　B．文章の間違い探し

　準備するものは、適度な長さに調整した英文(例として、*Element English Reading Skills Based*, Lesson 1, "Errors in Geography" を使用する)と、解答用紙です(解答枠や線を入れただけのものでよい)。ディクテーションで一文全部を書きとらせると、一文を何度も読みあげなければならず、複数の文や文章全体のディクテーションとなると、さらに時間がかかってしまいます。そこで、単語の音と綴りを結びつける活動として、読みあげられ

る文章の特定の単語（たとえば、cで始まる単語）や品詞（たとえば、動詞）だけを書きとる課題を行います。

> 9. aで始まる単語を、読みあげられた順に、すべて書きなさい。（ただし、冠詞を除く）
> 正答
> 1. ask　　2. accurate　　3. After　　4. all
> 5. and　　6. according　　7. America　　8. Asia

　これは、既読のテキストでも、初見のテキストでも実施することができます。初見のさいには、新出語が多く入らないように注意する必要があります。他にも、文章全体を読みあげる課題に、「間違い探し（error correction）」があります。音声を伴わない課題として実施することもできますが、音声をつけることによって、(a)解答時間を制限する、(b)機能語などの詳細部にも目を向けることができる、という利点があります。

> 10. 音声を聞き、次の英文に含まれる誤りを正しなさい。
>
> When you ask someone to ~~write~~ (draw) a map of the world, you will ~~fuond~~ (find) that few people have a very accurate idea of what ∧(the) world looks like. You might expect some errors ~~on~~ (in) the positions of countries. After all, this is a task that require∧(s) a certain skill with a pencil and a good memory.

2.4　日本語と英語の対応を問う

　簡単な単語を使った表現でも、日本語に対応する英語表現がわからない場合が多々あります。たとえば、energy saving（省エネ）や window seat（窓側の座席）です。そのような場合、その表現の日本語訳を先に与えておき、英文を読む中で、それに該当する表現を見つけるという問題を与えることができます。

11. 結局のところ	＿＿＿＿＿＿＿＿＿	(答え：after all)
12. 相対的な大きさ	＿＿＿＿＿＿＿＿＿	(答え：relative size)

　このようにすることで、英語から日本語に訳して覚えるのではなく、文章全体の意味を理解しながら、日本語と対応した英語表現を覚えることができます。

　これまで、語彙知識の育成に焦点を当てたテスト形式を紹介しました。学習への波及効果を考え、多面的な語彙知識を育成するためのテスト作成が大切です。また、すべての例に当てはまることですが、テストを実施した後に、フォローアップタスクを与えることが大切です。意味・派生語・例文などを書くなどの課題を設けることによって、学習のサイクルが身につくと思われます。

3. リーディングの力を測る音読テスト

　英文の意味や構文を理解しているかどうかを、日本語に訳させるのではなく、音読させることで確認することが可能です。意味の句切れでポーズを置いたり、新情報を表す語彙に強勢を置いたりできれば、その意味や構文を理解している、と判断することができます。しかし、こうした音読テストを行うためには、普段の授業で、句や節などのかたまりや意味の句切れについて理解し（形式の理解）、その文章の意味を理解し（内容の理解）、句切れごとにポーズを置いたり、新情報を表す語彙に強勢を置いたりしながら音読をする、といった指導が必要です。以下に、音読で測れる文構造の理解について具体例を挙げます。

3.1　どのような文構造の理解を音読で測れるか
① 語句が省略されている英文

> Many local varieties of English will flourish, but they will be related to the central international variety as planets are to the sun.
> 　—*Element English Reading Skills Based*（平成 20 年度版、啓林館），

> Lesson 11, "Future of English" より。

　この文章では、下線部の are と to の間に "related" という語が省略されているため、ここにポーズを置いて音読する必要があります。このような、繰り返しを避けるために語(句)の省略が行われているときに、その内容を踏まえてポーズを置くことを日頃から指導することが大切です。

②　主語と述語動詞がわかりにくい英文

> Our next adventure a few days after the storm had passed had to do with life, for we were searching for ghost crabs, those sand-colored, fleet-legged beings which Roger had glimpsed briefly on the beaches in daytime.
> ―*PRO-VISION ENGLISH COURSE II*（平成 20 年度版、桐原書店）,
> 　　　　　　　　Reading 2, "The Sense of Wonder" より。

　この文章については、a few days after the storm had passed を 1 つのかたまりとして理解し、主語と述語動詞が認識できているかについて、このかたまりの前後にポーズを置いているかどうかということを評価基準とすることができます。

③　述語動詞か分詞か、見分けにくい語が含まれる英文

> Public contentment with horses and railroads remained high until World War I, ～
> ―*Element English Reading Skills Based*（平成 20 年度版、啓林館）,
> 　　　　　　Lesson 17, "Necessity is the Mother of Invention" より。

　この文章の場合、remained が分詞として前の名詞を修飾すればその前にポーズを置く必要はありませんが、remained が述語動詞であれば、述語動詞の前の主語が長いため、ポーズが必要となります。この文章では remained が述語動詞の役割を果たしていますから、必ずポーズを置く必要があります。

④ 後置修飾の後に前置詞や不定詞等が来ており、文構造が複雑な英文

> Scientists believe that brain cells called neurons first transform the sensory stimuli <u>we experience into images</u> in our immediate memory.
> —*Element English Reading Skills Based*（平成20年度版、啓林館）,
> Lesson 16, "How Good Is Your Memory" より。

　この文章でも、多くの生徒が下線部を1つのかたまりと考えてしまい、構造を把握することができません。この文章でも、experienceが他動詞であることや、transform A into Bという構文について日本語で長々と説明するよりも、教員がexperienceの後でポーズを置き、音読して聞かせると、その構文に気づく生徒が出てくるはずです。さらに、"the sensory stimuli we experience" が1つのチャンクであることを気づかせるために、"According to scientists, brain cells called neurons first transform 'what' into images?" と質問してもよいでしょう。このようにして生徒に文構造を理解させた後、音読練習を行うと、生徒はこのような英文の構造に慣れることができるでしょう。

　また、大学受験を考えている生徒には、下のような英文を見せると、授業での学習が大学入試につながることが明らかになり、学習意欲を高めることが可能となります。以下の文は、2002年に大阪大学で出題された、*The BIG PICTURE* という本の一部です。

> Unfortunately, remedial activities and products like air filters, bottled water, eye drops and other things <u>we need to combat</u> degraded services all add to the GDP, which economists call growth.

　このような英文を提示し、それを実際に教員が音読して見せることで、生徒は、意味のかたまりが理解できれば英文理解の助けになることがわかります。また、このような形を音読して理解しておけば、受験で同じような構造の文が出題されたとしても理解できるようになるため、音読の必要性を感じるようになり、前向きに音読活動に取り組む生徒が増えることが期待できます。

では、具体的にどのような形式で音読テストを行い、生徒の音読をどう評価するべきなのでしょうか。音読の詳細な評価基準については第4章2節で紹介しましたが、授業の中で生徒ひとりひとりの出来を評価するうえでは、もう少し簡易的なものを使うこともできます。以下で、教科書本文を使用した音読テストと、初見の文章を使用したテストについてそれぞれ具体例を挙げます。

3.2 音読テストの具体例1（教科書本文を使用したテスト）

音読テストで教科書本文を読ませる場合、授業で扱った語彙の発音やアクセントの知識が定着しているかどうかということと、意味の句切れやイントネーションを意識しながら聞き手に伝わるように音読しているかという、2つの評価項目が挙げられます。生徒は授業で内容を理解していますので、教科書の音読テストで、英文の意味を理解しているかどうかという基準を設定するべきではありません。また、評価の観点や基準はできるだけ簡潔にするとよいでしょう。

評価基準の例（各項目3段階評価）
1. 単語の発音やアクセントは適切であるか。
   （発音、アクセントの間違いが0個→A，1～2個→B，3個以上→C）
2. 意味の句切れやイントネーションを意識しながら聞き手に伝わるように音読しているか。
   （意味の句切れに問題がない→A，少し間違いがあるがおおむね意味を伝えている→B，誤った位置でポーズを置いており、意味の伝達に支障がある→C）

ただし、音読テストを行う時は、その後の生徒の学習にとって形成的な評価である必要があります。そこで、以下のように、生徒が読む英文が印刷されたものを生徒の数だけ用意しておき、間違えて読んだところを赤ペンでチェックし、その用紙を生徒に渡し、アドバイスをするとよいでしょう。また、昼休みや放課後の時間にもう一度音読できる機会を与えることで、全員がすべての項目でAをとるまで継続して指導を行いたいものです。

音読テスト評価シートの例

```
組　番　名前（　　　　　　　　　　　　　　）
音読テスト評価用紙

　When you ask someone to draw a map of the world, you will find that few people
have a very accurate idea of what the world looks like.　You might expect some errors
in the positions of countries.　After all, this is a task that requires a certain skill with a
pencil and a good memory.　But nobody even knows the relative size of continents!
They tend to enlarge them or make them smaller, according to their point of view.　For
this reason, the home continent is often drawn too large.　A Brazilian, for example,
tends to enlarge the continent of South America, while a Vietnamese enlarges Asia.

評価基準
1．それぞれの単語の発音やアクセントは適切であるか　（ A 　・　B 　　 C ）
2．意味の句切れやイントネーションを意識しながら聞き手に伝わるように音読しているか
　　　　　　　　　　　　　　　　　　　　　（ A 　　 B 　　 C ）
```

　上の評価シートでは、生徒が発音やアクセントの位置を間違って読んだ単語に丸をつけ、また、句切れやイントネーションが曖昧であり、聞き手に意味が伝わりにくいと判断した文章のところにも丸をつけたり、下線を引いたりしています。この用紙は、音読テストを終えた後、生徒に渡します。そうすることで、生徒は間違えたところを自力で確認することができるため、発音やアクセントなど、授業で学んだ音声面での知識の定着が期待できます。

3.3　音読テストの具体例2（初見の英文を使用したテスト）

　初見の英文を20〜30秒黙読させたあと、それを音読させることで、その英文の構造を理解できているかを確認することが可能です。初見の英文については、第7章の3,4節で挙げたように、パラフレーズした英文や、内容の関連する英文から、授業で扱ったレッスンで英文理解のポイントとなったものと同じポイントが含まれている英文を用いることができます。たとえば、後置修飾の後に、前置詞（や不定詞）が来ており、文構造が複雑な英文について授業で扱った場合、以下のような英文を音読テストで使用するとよいでしょう。

> In Lebanon, many people speak English and French as well as their native language, Arabic. Now, this diversity leads many people to think that the Arabic language is threatened. According to a professor, Arabic language is threatened not because the language is incapable of adapting and hastening the development. <u>It is threatened because of an inferiority complex that the Arabs have to their language.</u>
> ― http://transcripts.cnn.com/TRANSCRIPTS/1012/31/ctw.01.html より一部改変。

特に下線部について、have と to の間にポーズを置いて読んでいるかどうかが、大きなポイントとなります。

初見の文章による音読テストの評価については、以下のような評価基準にするとよいでしょう。

評価基準の例（各項目3段階評価）
1. 単語の発音やアクセントは適切であるか。
   （発音、アクセントの間違いが 0〜1 個 → A，2〜3 個 → B，4 個以上 → C）
2. 初見の文章を読んで理解し、その内容が聞き手に伝わるよう、意味の句切れやイントネーションを意識して音読できているか。
   （意味の句切れに問題がない → A，少し間違いがあるがおおむね意味を伝えている → B，誤った位置でポーズを置いており、意味の伝達に支障がある → C）

こうした音読テストを行うさい、気をつけなければならないのは、正しい発音・アクセントで読んだり、正しい場所にポーズを置いて読んだりしたからと言って、その生徒が完全に内容を把握しているとはかぎらないということです。逆に、内容を完璧に理解できていても、それを音声で表せていない場合もあります。そこで、内容について 1〜2 問英語で質問し、それに答えさせることで、生徒が本当に内容を理解しているのかを確認するとよいでしょう。

おわりに

　小テストから定期テストまで、リーディングテストを種類ごとに事細かく取り上げすべてを網羅した本は、まるで携帯電話の解説書です。一気に読み通すような意欲も湧きません。本書は「これを読めばリーディングテストがすべてわかる」というようなスタンスはとらず、通読することにより「なるほどリーディングテストの奥は深い」という思いや「自分の教室でも新しいタイプのリーディングテストを作ってみよう」という意欲を読者の方が抱き、読後にひとりひとりが考え始めるような内容としたいと考えました。教室はひとつひとつ違います。答えは読者である先生方お一人お一人が出すものと考えています。

　本書は好評をいただいた前著理論編の『英語リーディングの科学──「読めたつもり」の謎を解く』、実践編の『英語で英語を読む授業』に続き、「テスト」という方向から「英語リーディングのプロセス」や「リーディング指導」を検証した書です。テストは指導と一体です。それぞれの教室や読む英文、そして読む目的に合わせてテストを考える必要があります。本書と合わせて前著2冊にも目を通していただき、教室に応じた評価を考えるうえでのしっかりとした理論的な土台を作っていただきたいと願っています。

　この英語リーディング指導の3部作を通して訴えたかったことは、英語リーディングに対するステレオタイプ的な考えを今一度見直すことと、英語授業の改善です。

　まず確認しておかなければならないのは、英語リーディングが英文のパーツである一文一文や一語一語を理解することの積み重ねだけではないことです。「何が書いてあるんだろう」とか「書き手はどんなメッセージを伝えたかったのだろう」と自分自身に問いかけながら読み進め、状況や場面を頭に描くことこそ英語リーディングのはずです。その共通理解がまだまだ足りないように思います。もちろん、英文に含まれる語句や文構造の理解があってはじめて、このような読みができることも言うまでもありません。

この「状況や場面を頭に描く」読みを育てるためには、生徒が英文を初見で読む機会を大切にしなければなりません。しかし、授業の冒頭で、すべての新出語句を確認したり、中には英文を読む前に「和訳」を先に配り、「英文を読む喜び」を奪っているような授業も行われています。セクションごとの授業や一文ごとの解説で終わらず、レッスンに入る前や終了後など、可能な限り何度かはレッスン全体の英文を俯瞰しながら通して読ませたいものです。そして、意味のわからない部分があっても、せめてそのパラグラフくらいは最後まで読み通すよう指導したいものです。

　高等学校では特に、学習指導要領の改訂により「英語の授業を英語で行うこと」を目指していますが、「英語で授業すること」が自己目的化しがちです。そのことによって「どう授業を変えていくか」を考えず、先生が楽に英語で進めることができるような、プリント主体やプラクティスばかりのつまらない授業形態や、英語の得意な先生のワンマンショーのような授業も生まれています。

　本文について指導書に書いてある解説をすべて生徒に伝えても、英語リーディングの力を育てることはできません。また、そのような問いのテストを行っても、英語リーディングの力を測ることはできません。

　本当に英語リーディングの力がつく指導を行いたいものです。そして、1人でも多くの生徒が英語を読む喜びを、そして先生は生徒と共に英語を読み、指導する喜びを味わって欲しいと願っています。

参 考 文 献

英語文献一覧(アルファベット順)

Abraham, R. G., & Chapelle, C. A. (1992). The meaning of cloze test scores: An item difficulty perspective. *The Modern Language Journal, 76,* 468–479.

Aizawa, K. (2005). Eigo goi syutoku kenkyu no gimonten to kongo no kadai [Questions and future problems about the study about English vocabulary acquisition]. Paper presented at the meeting of Japan Association of College English Teachers, Tokyo, Japan.

Akase, M. (2005). The roles of breadth and depth of vocabulary knowledge in EFL reading comprehension: With a focus on English major students. *ARELE (Annual Review of English Language Education in Japan), 16,* 141–150.

Alderson, J. C. (1979). The cloze procedure and proficiency in English as a foreign language. *TESOL Quarterly, 13,* 219–223.

Alderson, J. C. (2000). *Assessing reading.* Cambridge: Cambridge University Press.

Alderson, J. C., Clapham, C., & Wall, D. (1995). *Language test construction and evaluation.* Cambridge: Cambridge University Press.［渡部良典(編訳) (2010).『言語テストの作成と評価——あたらしい外国語教育のために』横浜: 春風社］

Alnabhan, M. (2002). An empirical investigation of the effects of three methods of handling guessing and risk taking on the psychometric indices of a test. *Social Behavior and Personality, 30,* 645–652.

Bachman, L. F. (1982). The trait structure of cloze test scores. *TESOL Quarterly, 16,* 61–70.

Bachman, L. F. (1985). Performance on cloze tests with fixed-ratio and rational deletions. *TESOL Quarterly, 19,* 535–556.

Bachman, L. F., & Palmer, A. (1996). *Language testing in practice: Designing and developing useful language test.* Oxford: Oxford University

Press.［大友賢二・ランドルフ・スラッシャー（監訳）(2000).『〈実践〉言語テスト作成法』. 東京: 大修館書店］
Bachman, L. F., & Palmer, A. (2010). *Language assessment in practice*. Cambridge: Cambridge University Press.
Beglar, D., & Hunt, A. (1999). Revising and validating the 2000 word level and university word level vocabulary tests. *Language Testing, 16*, 131–162.
Ben-Simon, A., Budescu, D. B., & Nevo, B. (1997). A comparative study of measures of partial knowledge in multiple-choice tests. *Applied Psychological Measurement, 21*, 65–88.
Bonate, P. L. (2000). *Analysis of pretest-posttest designs*. Boca Raton, FL: Chapman & Hall / CRC.
Bradbard, D. A., Parker, D. F., & Stone, G. L. (2004). An alternate multiple-choice scoring procedure in a macroeconomics course. *Decision Sciences Journal of Innovative Education, 2*, 11–20.
Brandão, A. C. P., & Oakhill, J. (2005). "How do you know this answer?" —Children's use of text data and general knowledge in story comprehension. *Reading & Writing, 18*, 687–713.
Brantmeier, C. (2006). The effects of language of assessment and L2 reading performance on advanced readers' recall. *The Reading Matrix, 6*, 1–17.
Britt, M. A., Perfetti, C. A., Sandak, R., & Rouet, J. F. (1999). Content integration and source separation in learning from multiple texts. In S. R. Goldman, A. C. Graesser, & P. van den Broek (Eds.), *Narrative comprehension, causality, and coherence: Essays in honor of Tom Trabasso* (pp. 209–233). Mahwah, NJ: Lawrence Erlbaum Associates.
Brown, A., Iwashita, N., & McNamara, T. (2005). An examination of rater orientations and test-taker performance on English-for-academic-purposes speaking tests. *TOEFL Report, 29*.
Brown, A. L., & Day, J. D. (1983). Macrorules for summarizing texts: The development of expertise. *Journal of Verbal Learning and Verbal Behavior, 22*, 1–14.
Brown, J. D., & Yamashita, S. O. (1995). English language entrance examination at Japanese universities: 1993 and 1994. In J. D. Brown & S. O. Yamashita (Eds.), *Language testing in Japan* (pp. 86–100). Tokyo: The Japan Association for Language Teaching.

Campbell, D. T., & Kenny, D. A. (1999). *A primer on regression artifacts*. New York, NY: Guilford.
Carrell, P. L. (1984). The effects of rhetorical organization on ESL readers. *TESOL Quarterly, 18*, 441–469.
Carrell, P. L. (1985). Facilitating ESL reading by teaching text structure. *TESOL Quarterly, 19*, 727–752.
Chall, J. S., & Dale, E. (1995). *Readability revisited: The new Dale-Chall readability formula*. Cambridge: Brookline Books.
Chang, S. H., Lin, P. C., & Lin, Z. C. (2007). Measures of partial knowledge and unexpected responses in multiple-choice tests. *Educational Technology & Society, 10*, 95–109.
Chapelle, C. A., & Abraham, R. G. (1990). Cloze method: What difference does it make? *Language Testing, 7*, 121–146.
Chihara, T., Oller, J., Weaver, K., & Chavez-Oller, M. A. (1977). Are cloze items sensitive to discourse constraints? *Language Learning, 27*, 63–73.
Chuang-Stein, C., & Tong, D. M. (1997). The impact and implication of regression to the mean on the design and analysis of medical investigations. *Statistical Methods in Medical Research, 6*, 115–128.
Collet, L. S. (1971). Elimination scoring: An empirical evaluation. *Journal of Educational Measurement, 8*, 209–214.
Coombs, C. H. (1953). On the use of objective examinations. *Educational and Psychological Measurement, 2*, 25–30.
Coombs, C. H., Milholland, J. E., & Womer, F. B. (1956). The assessment of partial knowledge. *Educational and Psychological Measurement, 16*, 13–37.
Cordero-Ponce, W. L. (2000). Summarization instruction: Effects on foreign language comprehension and summarization of expository texts. *Reading Research and Instruction, 39*, 329–350.
Council of Europe. (2001). *Common European framework of reference for languages: Learning, teaching, assessment*. Cambridge: Cambridge University Press.［吉島茂・大橋理枝他（訳）（2004）.『外国語教育Ⅱ 外国語の学習、教授、評価のためのヨーロッパ共通参照枠』東京: 朝日出版社］
Daller, H., Milton, J., & Treffers-Daller, J. (2007). Conventions, terminology and an overview of the book. In H. Daller, J. Milton, & J. Treffers-Daller (Eds.), *Modelling and assessing vocabulary knowledge* (pp. 1–32).

Cambridge: Cambridge University Press.
Davey, B. (1988). Factors affecting the difficulty of reading comprehension items for successful and unsuccessful readers. *Journal of Experimental Education, 56,* 67–76.
David, S. (2009). *The big picture.* Vancouver, Canada: Greystone Books.
Day, R. R., & Bamford, J. (1998). *Extensive reading in the second language classroom.* Cambridge: Cambridge University Press.［桝井幹生（監訳）（2006）．『多読で学ぶ英語——楽しいリーディングへの招待』．東京：松柏社］
Dressel, P. L., & Schmid, J. (1953). Some modifications of the multiple-choice item. *Educational and Psychological Measurement, 13,* 574–595.
Drum, P. A., Calfee, R. C., & Cook, L. K. (1981). The effects of surface structure variables on performance in reading comprehension tests. *Reading Research Quarterly, 16,* 486–514.
Elgart, D. B. (1978). Oral reading, silent reading, and listening comprehension: A comparative study. *Journal of Reading Behavior, 10,* 203–207.
Flesch, R. (1948). A new readability yardstick. *Journal of Applied Psychology, 32,* 221–233.
Freedle, R., & Kostin, I. (1993). The prediction of TOEFL reading item difficulty: Implications for constructive validity. *Language Testing, 10,* 133–170.
Friedman, F., & Rickards, J. P. (1981). Effect of level, review, and sequence of inserted questions on text processing. *Journal of Educational Psychology, 73,* 427–436.
Fukazawa, M. (2010). Validity of peer assessment of speech performance. *ARELE (Annual Review of English Language Education in Japan), 21,* 181–190.
Garciá, G. E. (1991). Factors influencing the English reading test performance of Spanish-speaking Hispanic children. *Reading Research Quarterly, 26,* 371–392.
Golden, J. M. (1988). The construction of a literary text in a story-reading lesson. In J. L. Green & J. O. Harker (Eds.), *Multiple perspective analyses of classroom discourse* (pp. 71–106), Norwood, NJ: Albex.
Grabe, W. (2009). *Reading in a second language: Moving from theory to practice.* New York, NY: Cambridge University Press.
Graesser, A. C., Pomeroy, V. J., & Craig, S. D. (2002). Psychological and

computational research on theme comprehension. In M. Louwerse & W. Van Peer (Eds.), *Thematics: Interdisciplinary studies* (pp. 19–34). Amsterdam, Netherlands: Benjamins.

Graesser, A. C., Singer, M., & Trabasso, T. (1994). Constructing inferences during narrative text comprehension. *Psychological Review, 101,* 371–395.

Greenfield, J. (2004). Readability formulas for EFL. *JALT Journal, 26,* 5–24.

Henning, G. (1991). A study of the effects of contextualization and familiarization on responses to the TOEFL vocabulary test items. *TOEFL Research Reports 35.* Princeton, NJ: Educational Testing Service.

Hidi, S., & Anderson, V. (1986). Producing written summaries: Task demands, cognitive operations, and implications for instruction. *Review of Educational Research, 56,* 473–493.

Hirai, A., & Koizumi, R. (2009). Development of a practical speaking test with a positive impact on learning using a story retelling technique. *Language Assessment Quarterly, 6,* 151–167.

Hoe, L. S., Kiong, L. N., Sam, H. K., & Usop, H. B. (2009). Improving educational assessment: A computer-adaptive multiple choice assessment using NRET as the scoring method. *US-China Education Review, 6,* 51–60.

Horiba, Y. (2000). Reader control in reading: Effects of language competence, text type, and task. *Discourse Processes, 29,* 223–267.

Hudson, T. (2009). *Teaching second language reading.* Oxford: Oxford University Press.

Hughes, A. (2003). *Testing for language teachers* (2nd ed.). Cambridge: Cambridge University Press.［靜哲人（訳）(2003).『英語のテストはこう作る』. 東京: 研究社］

Hyland, K. (2009). *Teaching and researching writing* (2nd ed.). Essex, UK: Pearson Education Limited.

Ikeno, O. (1996). The effects of text-structure-guiding questions on comprehension of texts with varying linguistic difficulties. *JACET Bulletin, 27,* 51–68.

Irwin, P. A., & Mitchell, J. N. (1983). A procedure for assessing the richness of retellings. *Journal of Reading, 26,* 391–396.

Jaradat, D., & Sawaged, S. (1986). The subset selection technique for multiple-choice tests: An empirical inquiry. *Journal of Educational*

Measurement, 23, 369–376.
Jaradat, D., & Tollefson, N. (1988). The impact of alternative scoring procedures for multiple-choice items on test reliability, validity, and grading. *Educational and Psychological Measurement, 48*, 627–635.
Johnston, P. (1984). Prior knowledge and reading comprehension test bias. *Reading Research Quarterly, 19*, 219–239.
Kikuchi, K. (2006). Revising English entrance examinations at Japanese universities after a decade. *JALT Journal, 28*, 77–96.
Kim, H. J. J., & Millis, K. (2006). The influence of sourcing and relatedness on event integration. *Discourse Processes, 41*, 51–65.
Kimura, S., & Visgatis, B. (1996). High school English textbooks and college entrance examinations: A comparison of reading passage difficulty. *JALT Journal, 18*, 81–95.
Kintsch, W., & van Dijk, T. A. (1978). Toward a model of text comprehension and production. *Psychological Review, 85*, 363–394.
Kitao, K., & Tanaka, S. (2009). Characteristics of Japanese junior high school English textbooks: From the viewpoint of vocabulary and readability. *Journal of Culture and Information Science, 4*, 1–10. 同志社大学文化情報学会.
Klein-Braley, C. (1985). A cloze-up on the C-Test: A study in the construct validation of authentic tests. *Language Testing, 2*, 76–104.
Kletzien, S. B. (2009). Paraphrasing: An effective comprehension strategy. *The Reading Teacher, 63*, 73–77.
Kline, R. B. (2011). *Principles and practice of structural equation modeling* (3rd ed.). New York, NY: Guilford Press.
Kobayashi, M. (2002a). Cloze tests revisited: Exploring item characteristics with special attention to scoring methods. *The Modern Language Journal, 86*, 571–586.
Kobayashi, M. (2002b). Method effects on reading comprehension test performance: Text organization and response format. *Language Testing, 19*, 193–220.
Koda, K. (2005). *Insights into second language reading*. Cambridge: Cambridge University Press.
Koizumi, R., & Hirai, A. (2010). Exploring the quality of the story retelling speaking test: Roles of story length, comprehension questions, keywords, and opinions. *ARELE (Annual Review of English Language Education*

in Japan), 21, 211–220.
Konno, K. (2011). Temporal shifts in L2 selves in the EFL classroom. *Language Education & Technology, 48*, 23–48.
Kurtz, V., & Schober, M. F. (2001). Readers' varying interpretations of theme in short fiction. *Poetics, 29*, 139–166.
Leclercq, D. (1983). Confidence marking: Its use in testing. *Evaluation in Education, 6*, 161–287.
Lee, J. F. (1986). On the use of the recall task to measure L2 reading comprehension. *Studies in Second Language Acquisition, 8*, 201–212.
Levie, W. H., & Lentz, R. (1982). Effects of text illustrations: A review of research. *Educational Technology Research and Development Journal, 30*, 195–232.
Marsh, H. W., & Hau, K. T. (2002). Multilevel modeling of longitudinal growth and change: Substantive effects or regression toward the mean artifacts? *Multivariate Behavioral Research, 37*, 245–282.
McCallum, R. S., Sharp, S., Bell, S. M., & George, T. (2004). Silent versus oral reading comprehension and efficiency. *Psychology in the Schools, 41*, 241–246.
McKoon, G., & Ratcliff, R. (1992). Inference during reading. *Psychological Review, 99*, 440–466.
Nation, I. S. P. (1983). Testing and teaching vocabulary. *Guidelines, 5*, 12–25.
Nation, I. S. P. (1990). *Teaching and learning vocabulary*. Boston, MA: Heinle and Heinle Publishers.
Nation, I. S. P. (2001). *Learning vocabulary in another language*. Cambridge: Cambridge University Press.［吉田晴世・三根浩（訳）（2005）.『英語教師のためのボキャブラリー・ラーニング』. 東京: 松柏社］
Nation, I. S. P. (2009). *Teaching ESL / EFL reading and writing*. New York, NY: The Routledge.
Nation, I. S. P., & Beglar, D. (2007). A vocabulary size test. *The Language Teacher, 31 (7)*, 9–13.
Nation, I. S. P., & Newton, J. (2009). *Teaching ESL / EFL listening and speaking*. New York, NY: The Routledge.
Noro, T. (2002). The roles of depth and breadth of vocabulary knowledge in reading comprehension in EFL. *ARELE (Annual Review of English Language Education in Japan), 13*, 71–80.

Nuttall, C. (2005). *Teaching reading skills in a foreign language* (2nd ed.). Oxford, UK: Macmillan Education.
Oakhill, J. (1984). Inferential and memory skills in children's comprehension of stories. *British Journal of Educational Psychology, 54*, 31–39.
Odean, P. M. (1987). Teaching paraphrasing to ESL students. *MinneTESOL Journal, 6*, 15–27.
Oller, J. W., & Conrad, C. A. (1971). The cloze techniques and ESL proficiency. *Language Learning, 21*, 183–195.
Perfetti, C. A., Rouet, J. F., & Britt, M. A. (1999). Toward a theory of document representation. In H. van Oostendorp & S. R. Goldman (Eds.), *The construction of mental representations during reading* (pp. 99–122). Mahwah, NJ: Lawrence Erlbaum Associates.
Purpura, J. E. (2004). *Assessing grammar*. Cambridge: Cambridge University Press.
Qian, D. D. (1999). Assessing the roles of depth and breadth of vocabulary knowledge in reading comprehension. *Canadian Modern Language Review, 56*, 282–307.
Qian, D. D. (2002). Investigating the relationship between vocabulary knowledge and academic reading performance: An assessment perspective. *Language Learning, 52*, 513–536.
Qian, D. D. (2008). From single words to passages: Contextual effects on predictive power of vocabulary measures for assessing reading performance. *Language Assessment Quarterly, 5*, 1–19.
Roberts, A. O. H. (1980). Regression toward the mean and the regression-effect bias. In G. Echternacht (Guest Ed.), *New directions for testing and measurement* (Vol. 8, pp. 59–82). San Francisco, CA: Jossey-Bass Inc.
Rocconi, L. M., & Ethington, C. A. (2009). Assessing longitudinal change: Adjustment for regression to the mean effects. *Research in Higher Education, 50*, 368–376.
Rodriguez, M. C. (2003). Construct equivalence of multiple-choice and constructed-response items: A random effects synthesis of correlations. *Journal of Educational Measurement, 40*, 163–184.
Rogosa, D. (1995). Myths and methods: "Myths about longitudinal research" plus supplemental questions. In J. M. Gottman (Ed.), *The analysis of change* (pp. 3–66). Mahwah, NJ: Lawrence Erlbaum Associates.

Rupp, A. A., Ferne, T., & Choi, H. (2006). How assessing reading comprehension with multiple-choice questions shapes the construct: A cognitive processing perspective. *Language Testing, 23*, 441–474.

Sadoski, M., Goetz, E. T., & Rodriguez, M. (2000). Engaging texts: Effects of concreteness on comprehensibility, interest, and recall in four text types. *Journal of Educational Psychology, 92*, 85–95.

Saida, C. (2002). *An analysis of Ibaraki prefectural English tests for high school students: Validation and test equating based on the item response theory* (Unpublished master's thesis). University of Tsukuba, Japan.

Salasoo, A. (1986). Cognitive processing in oral and silent reading comprehension. *Reading Research Quarterly, 21*, 59–69.

Schmitt, N., Schmitt, D., & Clapham, C. (2001). Developing and exploring the behavior of two new versions of the Vocabulary Levels Test. *Language Testing, 18*, 55–88.

Shimamoto, T. (2005). Exploring lexical network systems of Japanese EFL learners through depth and breadth of word knowledge. *ARELE (Annual Review of English Language Education in Japan), 16*, 121–130.

Shimizu, M. (2009). An examination of reliability of an oral reading test for EFL learners using generalizability theory. *ARELE (Annual Review of English Language Education in Japan), 20*, 181–190.

Shiotsu, T., & Weir, C. J. (2007). The relative significance of syntactic knowledge and vocabulary breadth in the prediction of reading comprehension test performance. *Language Testing, 24*, 99–128.

Shizuka, T. (1999a). Combining response correctness and confidence level rating to produce polychotomous data from MC dichotomous items. *Japanese Colleges of Technology Education Journal, 22*, 243–252.

Shizuka, T. (1999b). Combining response correctness and confidence level rating to produce polychotomous data from MC dichotomous items (II). *The Kanto-Koshinetsu Association of Teachers of English (KATE) Bulletin, 13*, 73–86.

Shizuka, T. (2003). The effect of clustered objective probability scoring with truncation (T-COPS) on reliability. In H. Yanai, A. Okada, K. Shigematsu, Y. Kano, & J. J. Meulman (Eds.), *New developments in psychometrics* (pp. 273–280). Tokyo: Springer.

Shohamy, E. (1984). Does the testing method make a difference? The case of reading comprehension. *Language Testing, 1*, 147–170.

Singer, M., Halldorson, M., Lear, J. C., & Andrusiak, P. (1992). Validation of causal bridging inferences in discourse understanding. *Journal of Memory and Language, 31*, 507–524.

Storey, P. (1997). Examining the test-taking process: A cognitive perspective on the discourse cloze test. *Language Testing, 14*, 214–231.

Swalm, J. E. (1972). Comparison of oral reading, silent reading and listening comprehension. *Education, 92*, 111–115.

Takanashi, Y., Zhang, R., Smith, X., & Serafin, P. (2009). *Mastering the TOEFL® iBT reading and listening*. Tokyo: Kenkyusha.

Thorndyke, P. W. (1977). Cognitive structures in comprehension and memory of narrative discourse. *Cognitive Psychology, 9*, 77–110.

Trabasso, T., & Sperry, L. L. (1985). Causal relatedness and importance of story events. *Journal of Memory and Language, 24*, 595–611.

Traub, R. E. (1993). On the equivalence of the traits assessed by multiple-choice and constructed-response tests. In R. E. Bennett & W. C. Ward (Eds.), *Construction versus choice in cognitive measurement: Issues in constructed response, performance testing, and portfolio assessment* (pp. 29–44). Hillsdale, NJ: Lawrence Erlbaum Associates.

Underwood, P. (2010). A comparative analysis of MEXT English reading textbooks and Japan's National Center Test. *RELC Journal, 41*, 165–182.

Urquhart, A. H., & Weir. C. J. (1998). *Reading in a second language : Process, product and practice*. New York : Longman.

Ushiro, Y. (2007). Factors affecting reading item difficulty in the National Center Test. In A. Mochizuki, A. Kubota, H. Iwasaki, & Y. Ushiro (Eds.), *New perspectives on English language education* (pp. 244–255). Tokyo: Taishukan.

Ushiro, Y., Hoshino, Y., Shimizu, H., Kai, A., Nakagawa, C., Watanabe, F., & Takaki, S. (2010). Disambiguation of homonyms by EFL readers: The effects of primary meaning and context interpretation. *ARELE (Annual Review of English Language Education in Japan), 21*, 161–170.

Ushiro, Y., Kai, A., Shimizu, H., Hoshino, Y., Nahatame, S., Hasegawa, Y., Yano, K., & Nakagawa, C. (2011). Effects of flashback on Japanese EFL readers' narrative comprehension. *ARELE (Annual Review of English Language Education in Japan), 22*, 111–126.

Ushiro, Y., Nakagawa, C., Kai, A., Watanabe, F., & Shimizu, H. (2008). Construction of a macroproposition from supporting details: Investigation from Japanese EFL reader's summary and importance rating. *JACET Journal, 47*, 111–125.

Ushiro, Y., Nakagawa, C., Morimoto, Y., Koga, T., Konno, K., & Nabeta, K. (2007). Examining the characteristics of scoring methods for written recall tests: Focusing on propositional and idea unit analyses. *JACET Journal, 44*, 85–99.

van den Bergh, H. (1990). On the construct validity of multiple-choice items for reading comprehension. *Applied Psychological Measurement, 14*, 1–12.

van Dijk, T. A., & Kintsch, W. (1983). *Strategies of discourse comprehension*. New York, NY: Academic Press.

Wilson, M. M. (1979). The processing strategies of average and below average readers answering factual and inferential questions on three equivalent passages. *Journal of Reading Behavior, 11*, 235–245.

Winograd, P. N. (1984). Strategic difficulties in summarizing texts. *Reading Research Quarterly, 19*, 404–425.

Wolf, D. F. (1993). A comparison of assessment tasks used to measure FL reading comprehension. *The Modern Language Journal, 77*, 473–489.

Yamashita, H. (2008). Effects of partial scoring on the improvement of reliability and validity in multiple-choice reading comprehension tests. (Unpublished master's thesis). University of Tsukuba, Japan.

Yamashita, J. (2003). Processes of taking a gap-filling test: Comparison of skilled and less skilled EFL readers. *Language Testing, 20*, 267–293.

Yen, Y. C., Ho, R. G., Chen, L. J., Chou, K. Y., & Chen, Y. L. (2010). Development and evaluation of a confidence-weighting computerized adaptive testing. *Educational Technology & Society, 13*, 163–176.

Yoshida, S. (1997). Strategies in answering cloze items: An analysis of learners' think-aloud protocols. *JACET Bulletin, 28*, 207–222.

日本語文献一覧(五十音順)

岩槻恵子. (2003).『知識獲得としての文章理解――読解過程における図の役割』. 東京: 風間書房.

卯城祐司. (編著). (2009).『英語リーディングの科学――「読めたつもり」の謎を解く』. 東京: 研究社.

卯城祐司. (編著). (2011).『英語で英語を読む授業』. 東京: 研究社.

卯城祐司・中川知佳子・森本由子・土方裕子・渡邊芙裕美・甲斐あかり．(2007)．「読解テストにおける質問タイプが項目困難度に及ぼす影響：自由記述式と多肢選択式の比較」．『第33回全国英語教育学会大分研究大会発表予稿集Ⅱ』(317–320 頁)．

江國香織．(2001)．『冷静と情熱のあいだ—Rosso』．東京：角川書店．

旺文社．(編)．(2011a)．『2012年受験用 全国大学入試問題正解 英語(国公立大編)』．東京：旺文社．

旺文社．(編)．(2011b)．『全国高校2012年受験用入試問題正解 英語』．東京：旺文社．

大河内祐子・深谷優子．(2007)．「複数テキストはいかに統合的に理解されるか：読解中の活動に注目して」．*Cognitive Studies, 14*, 575–587.

甲斐あかり．(2008)．「英文読解テストとしての再話課題の有効性の検証：テキストタイプ、産出言語、採点方法の妥当性を中心として」．『STEP Bulletin』20巻75–94頁．

神奈川県高等学校教科研究会英語部会．(2009)．「平成21年度春季県下一斉英語学力テスト結果と分析」．神奈川県：神奈川県高等学校教科研究会．

清川英男．(2000)．「リーダビリティ」．高梨庸雄・卯城祐司(編)『英語リーディング事典』(29–40 頁)．東京：研究社．

国立教育政策研究所．(2003)．『平成13年度小中学校教育課程実施状況調査 中学校国語・中学校社会・中学校数学・中学校理科・中学校英語』．東京：ぎょうせい．

小林敬一．(2009)．「論争的な複数テキストの理解(2)」．静岡大学教育学部研究報告(人文・社会科学篇)，59巻139–152頁．

斉田智里・柳川浩三．(2011)．「共通項目デザインによる神奈川県高等学校「県下一斉英語学力テスト」の開発：項目応答理論を用いた等化によるテストの再評価と展望」．『日本テスト学会誌』7巻121–132頁．

酒井邦秀・太田洋・柴田武史．(2004)．「"めざせ100万語"とは!?——多読は授業で実践できるか」『英語教育』52巻12号8–16頁．東京：大修館書店．

氏木道人．(2010)．「readabilityは信頼できる指標か？」門田修平・野呂忠司・氏木道人(編)．『英語リーディング指導ハンドブック』(304–310頁)．東京：大修館書店．

靜哲人．(2002)．『英語テスト作成の達人マニュアル』．東京：大修館書店．

靜哲人．(2007)．『基礎から深く理解するラッシュモデリング——項目応答理論とは似て非なる測定のパラダイム』．大阪：関西大学出版部．

清水遥. (2010).「英文読解におけるテキスト間情報統合能力の検証」.『STEP Bulletin』22 巻 47–62 頁.
清水真紀. (2005).「リーディングテストにおける質問タイプ: パラフレーズ・推論・テーマ質問と処理レベルの観点から」.『STEP Bulletin』17 巻 48–62 頁.
白畑知彦・冨田祐一・村野井仁・若林茂則. (1999).『英語教育用語辞典』. 東京: 大修館書店.
高島英幸. (編著). (2005).『文法項目別 英語のタスク活動とタスク』. 東京: 大修館書店.
高橋麻衣子. (2007).「文理解における黙読と音読の認知過程: 注意資源と音韻変換の役割に注目して」.『教育心理学研究』55 巻 538–549 頁.
辻仁成. (2001).『冷静と情熱のあいだ―Blu』. 東京: 角川書店.
中川知佳子. (2011).「リーディングの測定・評価」. 石川祥一・西田正・斉田智里 (編)『英語教育学体系第 13 巻 テスティングと評価――4 技能の測定から大学入試まで』(222–236 頁). 東京: 大修館書店.
中村洋一. (2002).『テストで言語能力は測れるか――言語テストデータ分析入門』. 東京: 桐原書店.
日本英語検定協会. (2010a). 2010 年度第二回検定一次試験第 3 問.
日本英語検定協会. (2010b). 2010 年度第三回検定一次試験第 3 問・第 4 問.
根岸雅史. (2011).「技能統合の評価をどうするか」.『英語教育』60 巻 29–31 頁. 東京: 大修館書店.
根岸雅史・東京都中学校英語教育研究会 (編). (2007).『コミュニカティブ・テスティングへの挑戦』. 東京: 三省堂.
松沢伸二. (2002).『英語教師のための新しい評価法』. 東京: 大修館書店.
松本茂. (2008).「外国語 (英語) 科における活用型授業作りの考え方」. 安彦忠彦 (編著).『「活用力」を育てる授業の考え方と実践』(81–86 頁). 東京: 図書文化社.
宮迫靖静. (2002).「高校生の音読と英語力は関係があるか?」.『STEP Bulletin』14 巻 14–25 頁.
村野井仁. (2004).「第二言語習得研究から見た多読指導」.『英語教育』52 巻 12 号 30–31 頁. 東京: 大修館書店.
森敏昭. (1980).「文章記憶に及ぼす黙読と音読の効果」.『教育心理学研究』28 巻 57–61 頁.
文部科学省. (1999).『中学校学習指導要領解説外国語編』. 東京: 東京書籍.

文部科学省. (2008). 『中学校学習指導要領解説外国語編』東京: 開隆堂出版.
文部科学省. (2009). 『高等学校学習指導要領』. 東京: 文部科学省.
文部科学省. (2010). 『高等学校学習指導要領解説外国語編・英語編』. 東京: 開隆堂出版.
山森光陽. (2004). 「第1章 テスト問題の作成: 妥当性と信頼性」. 前田啓朗・山森光陽(編著). 『英語教師のための教育データ分析入門――授業が変わるテスト・評価・研究』 (4–12 頁). 東京: 大修館書店.
吉田真美. (1998). 「Poor Reader は推論が苦手か?: テキスト提示条件が推論問題の成績に与える影響について」. ことばの科学研究会(編). 『ことばの心理と学習――河野守夫教授退職記念論文集』 (269–281 頁). 東京: 金星堂.

教科書(アルファベット順)

Element English Course II (啓林館)
Element English Reading (啓林館)
Element English Reading Skills Based (啓林館)
LovEng English Course II (啓林館)
One World English Course 2 (教育出版)
PROGRESSIVE English Reading, Revised Edition (尚学図書)
PRO-VISION ENGLISH COURSE I, II (桐原書店)
Total active.comm (秀文館)

オンライン資料

BigEditor (n.d.). BigEditor. Retrieved from http://homepage2.nifty.com/mrbig/index.html

CNN. (2010). Disappearing Languages. Retrieved from http://transcripts.cnn.com/TRANSCRIPTS/1012/31/ctw.01.html

Educational Testing Service (n.d.) CELLA Train-the-Trainer: Training Session 2012. Retrieved February 12, 2012 from http://www.fldoe.org/aala/pdf/Online-Train-the-Trainer-presentation.pdf

Educational Testing Service (ETS). (2006). TOEIC Newsletter, 92. Retrieved from http://www.toeic.or.jp/toeic_en/pdf/newsletter/newsletterdigest92.pdf

Educational Testing Service. (2007). TOEIC User Guide ― Listening and

Reading. Princeton, NJ: Author. Retrieved from http://www.ets.org/Media/Tests/Test_of_English_for_International_Communication/TOEIC_User_Gd.pdf

Educational Testing Service. (2008). TOEIC Examinee handbook — Listening and Reading. Ewing, NJ: Author. Retrieved from http://www.ets.org/Media/Tests/TOEIC/pdf/TOEIC_LR_examinee_handbook.pdf

Harvill, L. M. (1991). An NCME instructional module on standard error of measurement [Instructional topics in educational measurement]. Educational Measurement: Issues and Practice, 10 (2), 181–189. Retrieved from http://www.ncme.org/pubs/items/16.pdf

Kincaid, J. P., Fishburne, R. P. Jr., Rogers, R. L., & Chissom, B. S. (1975). Derivation of new readability formulas (Automated Readability Index, Fog Count and Flesch Reading Ease Formula) for Navy enlisted personnel. Research Branch Report, 8–75. Millington, TN: Naval Technical Training, Naval Air Station Memphis. Retrieved from http://digitalcollections.lib.ucf.edu/cgi-bin/showfile.exe?CISOROOT=/IST&CISOPTR=26301&CISOMODE=print

Takeda, A., Choi, E.-S., Mochizuki, N., & Watanabe, Y. (2006). Analysis and comparison of the junior and senior high school level English textbooks for Japan and Korea. Second Language Studies, 25(1), pp. 53–82. Retrieved from http://www.hawaii.edu/sls/uhwpesl/25(1)/TakedaChoiMochizuki&Watanabe.doc

The Society for Testing English Proficiency (STEP). (2006). 英検 Can-do リスト. Retrieved from http://www.eiken.or.jp/about/cando/cando.html

UCLES. (2010). IELTS Information for Candidates. Retrieved from http://www.ielts.org/test_takers_information.aspx

国立教育政策研究所 教育課程研究センター. (2011).『評価規準の作成、評価方法等の工夫改善のための参考資料(中学校 外国語)』. www.nier.go.jp/kaihatsu/hyouka/chuu/10-chu-gaikokugo.pdf

大学入試センター. (2011).『平成23年度大学入試センター試験試験問題評価委員会報告書』. Retrieved from http://www.dnc.ac.jp/modules/center_exam/content0415.html

中條清美・長谷川修治. (2004).「語彙のカバー率とリーダビリティから見た大学英語入試問題の難易度」.『日本大学生産工学部研究報告B』37巻45–55頁. Retrieved from http://itc.cit.nihon-u.ac.jp/kenkyu/kankoubutsu/houkoku_b/Vol.37/houkoku_b37.5.pdf

福井正康・小篠敏明. (2009).「単語と熟語の難易度を考慮した英文リーダビリティ指標の作成法」.『教育情報研究』24巻3号15–22頁. Retrieved from http://wwwsoc.nii.ac.jp/jsei/zashi.html

Acknowledgements

108–109頁 — © Richard C. Goris. / 113–116, 165頁 — Beatrice S. Mikulecky and Linda Jeffries, *More Reading Power,* 2nd edition. London: Pearson ESL, 2003. / 117–118頁 — Helen P. Mosa, *All the Good Things. Reader's Digest,* December 1991. / 119–120頁 — Ryan White and Ann Marie Cunningham, *Ryan White: My Own Story.* New York, NY: Signet, 1992. / 121頁 — 出典不詳(情報をお寄せください)/ 124頁 — Debi Davis, "Body Imperfect" in Thomas Cooley, *The Norton Sampler: Short Essays for Composition,* sixth edition. New York, NY: W. W. Norton & Company, Inc., 2003. / 130頁 — Samia Sadik: An Inspiration for Girls' Education. UNICEF Ethiopia website. / 132–133頁 — "English around the World" in James Kinneavy, *Elements of Writing: Complete Course.* New York, NY: Holt, Rinehart and Winston, 1993. / 149–150頁 — "Human Evolution & Early Migration" in *Almanac of World History.* Washington, D. C.: National Geographic Society, 2003. / 172頁 — "Necessity's Mother," in Jared Diamond, *Guns, Germs and Steel.* New York, NY: W. W. Norton & Company, Inc., 1997. / 173頁 — "How Good Is Your Memory?" in Neil J. Anderson, *Active Skills for Reading Book 3.* Boston, MA: Heinle, a division of Thomson Learning, Inc., 2003.

*

92–93頁に引用した実用英語技能検定試験(英検)第3級2010年度第2回検定一次試験の実際の問題は、次のようなもの。

*

次の英文の内容に関して、(**31**)から(**35**)までの質問に対する答えとして最も適切なもの、または文を完成させるのに最も適切なものを **1, 2, 3, 4** の中から**一つ選び**、その番号のマーク欄をぬりつぶしなさい。

A Special Kind of Zoo

One of the most famous zoos in the world is the San Diego Zoo in California. It has more than 4,000 animals. Zoos are now better places for animals to live thanks to the San Diego Zoo.

At the start of the 20th century, all zoo animals were kept in small cages.* The animals were not healthy and became sick easily. Most died when they were very young. When Doctor Harry Wegeforth started a new zoo in San Diego, he wanted the animals in his zoo to have more space. He built moats* around open spaces. The animals could not run away because they could not cross the moats. In 1922, he made the first lion area without any fences in a zoo. At first, visitors were afraid the lions would attack them. But they soon learned that this new kind of zoo was both safe and exciting. Today, the San Diego Zoo has thousands of acres,* and the animals have a lot of space.

Scientists at the zoo also try to learn more about animals to help the environment. They study many special animals such as pandas and tigers. They even return some of them to nature. Workers at the zoo grow many kinds of plants for the animals. For example, they grow 40 kinds of bamboo for the zoo's pandas to eat. Today, the zoo has the largest number of pandas outside of China.

Because of the San Diego Zoo, we understand more about animals and how to protect them.

*cage: おり
*moat: 堀
*acre: エーカー(面積単位)

(31) At the start of the 20th century,
1　people weren't interested in zoos.
2　there were no zoos in California.
3　zoos didn't have lions or tigers.
4　zoo animals got sick easily.

(32) What did Doctor Harry Wegeforth want to do ?
1　Keep more kinds of animals than other zoos.
2　Return some of his zoo animals to nature.
3　Give his zoo animals a lot of space.
4　Travel to many zoos around the world.

(33) What happened at the San Diego Zoo in 1922 ?
1　The tigers ran away.
2　A lion area without fences was built.
3　A lion attacked a visitor.
4　The first tiger in the U.S. was born.

(34) Why do workers grow plants at the San Diego Zoo?
1　To give them to the animals to eat.
2　To give them to zoo visitors.
3　To sell them to stores in San Diego.
4　To use them to build fences.

(35) What is this story about?
 1 The first zoo to keep animals in cages.
 2 The first panda kept in a zoo in China.
 3 A city that decided to close its zoos.
 4 A zoo that is kind to its animals.

索　引

〔あ行〕
アイディアユニット　71, 73, 74, 75, 76
当て推量　41, 42, 44, 45, 46, 52, 55
　〜修正公式（Correction for Guessing, CFG）　45, 47
誤りを訂正する問題　115–116, 127–128　cf. 校正テスト、誤文訂正問題、間違い探し

意見を書かせる問題　136–137　cf. 感想を述べる課題、批評課題、プロダクション式問題
一括的評価　151, 159
意味ネットワークの構築　165, 166
因果質問　38
因果ネットワーク　28, 29
インターネット　5, 30
インタビュー　163–164
インタラクション　64, 65, 99, 100, 125, 139
インフォメーション・トランスファー　→　情報転移

英英辞典　166, 167, 169
英検（実用英語技能検定）　4, 6–9, 25, 30, 33, 34, 36, 41, 50, 55, 78, 94
英問英答　15, 18, 126–127, 135–136, 137, 145

オーラルイントロダクション　99, 125–126
音読　67, 68, 116, 171–176
　〜テスト　68–70, 174–176
　〜と文構造　171–174

オンライン辞書　166

〔か行〕
回帰効果（regression to the mean effect）　82–87
　〜への対処　85–87
外国語表現の能力　103
外国語理解の能力　103, 105, 107
概要　11–15, 17–18, 139, 141, 162　cf. サマリー、大意、要旨、要点、要約
学習指導要領　9–15, 66, 93, 95, 102, 108, 137, 156
　高等学校〜　11–12, 147, 161
　中学校〜　10–11
　〜と「読むこと」　10–13
感想を述べる課題　11, 19, 93, 95, 108, 111, 161　→　cf. 意見を書かせる課題、批評課題、プロダクション式問題
観点別評価　102–107

消えたパラグラフの復元　121–123
機能語　56, 59, 115, 167, 170
逆向き設計（backward design）　9
教育課程実施状況調査　14
教科書
　〜の原典　128–131
　〜のサマリー　123–128, 136
　〜の内容に関連した別題材のテキスト　98–99
　〜のパラフレーズ・〜のカスタマイズ　98, 105–106, 124–125, 127–128, 134, 175
　〜のリーダビリティ　23–24

～を使った音読テスト 174–175
共分散構造分析 85, 87
共分散分析（ANCOVA） 85

空所補充（テスト）（gap-filling [test]） 6, 15, 18, 52, 54–58, 61, 62, 63, 127 cf. クローズテスト
組み合わせ式問題 91, 94–95 cf. マッチング形式
クローズテスト（cloze test） 52, 53–58, 65, 113–116, 160, 161, 165 cf. 空所補充（テスト）

形式スキーマ → スキーマ
形成的評価 156, 157, 159
継続的評価 151, 155, 156
結束性 13, 55, 63, 64, 66
原語法（exact-word scoring） 53
言語や文化についての知識・理解 103, 105, 107

語彙（知識） 59–60, 63, 66, 164
　～サイズ 60
　～のテスト（～質問・～問題） 37, 51, 60–63, 97, 164–171
　～の広さ 60, 164, 165
　～の深さ 164, 167
高校入試 17–19
校正テスト（error detection task） 65 cf. 誤りを訂正する問題、誤文訂正問題、間違い探し
項目応答理論（item response theory） 48, 81, 82
誤文訂正問題（Error Recognition） 5 cf. 誤りを訂正する問題、校正テスト、間違い探し
個別表象モデル（Separate representation model） 31–32
「コミュニケーション英語」（科目名） 11, 12, 137
コミュニケーションへの関心・意欲・態度 103, 105, 106, 137
コロケーション 167, 168

〔さ行〕
再テスト法 46
再話 67, 70–72, 151–152
錯乱肢 94, 96
サマリー
　～を書かせる問題 136–137 cf. 概要、大意、要旨、要点
　教科書の～ 123–128, 136

字義的質問 34, 38, 39
指示語を問う質問（指示質問） 37, 38, 39, 51, 134, 135, 137
ジャンル 25–28, 30
　～分析 77
状況モデル（situation model） 37, 38
小テスト 156, 157, 164–171
情報操作 64, 65
情報転移（インフォメーション・トランスファー） 19
初見の文章（～の英文、～のテキスト） 91, 112, 117–120, 123–124, 130, 131–135, 170, 174, 175–176
ショートアンサー式問題 91, 95
書評 161–162, 163, 164
　ミシュラン～ 162
シラバス 156
自立した読み手 116, 121
心的表象（mental representation） 37

推論質問 34, 37, 38, 39, 44
スキーマ
　形式～ 27
　～の活性化 99, 139
スキミング 13, 95, 131, 154
スキャニング 13, 17, 95, 131, 154
スピーキング 3, 59, 66–67, 70–72, 138, 142, 151–152, 155, 162, 163
スピーチ 17, 142

接辞　167, 168
説明文　40, 140, 149, 153　cf. 論説文
全国的な学力調査（全国学力・学習状況調査）　14
全索引モデル（Tag-all model）　31–33
選択式テスト（選択式問題）　91, 94, 95–96, 165　cf. 多肢選択式（テスト）

総合問題　16, 18
相補的テキスト（complementary texts）　30–31
測定の差の標準誤差（standard error of difference）　80, 81
測定の標準誤差（standard error of measurement）　79, 80, 81

〔た行〕
大意　4, 28, 128, 130　cf. 概要、サマリー、要旨、要点、要約
大学入試　15–17
　〜のリーダビリティ　23–24
大学入試センター試験　15, 16–17, 24, 36, 39, 41, 50
代替評価　156
代名詞　18, 37, 57, 64, 65, 135, 137
多義語　63, 66
多肢選択式（テスト）（multiple-choice [MC] / Number Correct / Number Right [NR]）　41–49, 61, 117　cf. 選択式テスト（選択式問題）
多読（extensive reading）　157–164
　〜のテスト　159–161
ダブルパッセージ（double passage）　5, 33, 50　cf. 複数テキスト
単一テキスト問題　33, 34
短期記憶　66, 67
談話構造（の理解）　14, 16, 18
談話標識　→　ディスコースマーカー

注意資源　67
重複問題　33, 34

定義（単語の〜）　60, 165–167, 169
ディクテーション　66, 67, 169
ディスコースマーカー　57, 64, 114, 131, 134
ディベート　154–156
手紙　147–149
適語法（acceptable-word scoring）　53
テスト細目　10, 13
テーマ質問　37, 38, 39, 44

統合問題　33, 34
統語解析　59, 64, 65
ドキュメント・モデル（Documents' model）　31–33
トピックセンテンス　29, 40, 74, 76, 112

〔な行〕
内容語　42, 43, 56, 115, 127, 165
並べ替え　14, 18, 91, 93, 104, 129–130

日本語と英語の対応　170–171

〔は行〕
発話プロトコル法　57, 58
パラフレーズ課題　72, 73, 74, 76
パラフレーズ質問　37, 38, 39

筆記再生テスト（筆記再生課題）　26, 27, 72, 73, 76
批評課題　72, 73, 74, 77　cf. 意見を書かせる課題、感想を述べる課題
表［図表］（diagram）　4, 5, 6, 7–8, 14, 15, 17, 138–142
評価基準（規準）
　音読の〜　68–70, 172, 174–176
　読むことの〜　103
　ライティングの〜　145–146
標準偏差　79, 80, 81
表層的記憶（surface memory）　37

評論文　6, 7, 13, 154
非連続型テキスト　107

複数テキスト　30–35　cf. ダブルパッセージ
付随的学習（incidental learning）　164
部分的（な）知識（partial knowledge）　44–45, 46, 47, 49
フラッシュバック　29
フレーズ検索機能　166
プレゼンテーション　153–154, 162–163, 164
プロダクション式問題　91–92, 95　cf. 意見を書かせる問題、感想を述べる課題、批評課題
文章記憶　67
文章構造質問　37
文法知識（のテスト）　59, 63–66

平行テスト（parallel test）　81, 82, 85

ポスター作成・発表　138, 142, 149–151
ポートフォリオ　144, 158, 159

〔ま行〕
間違い探し（error correction）　169, 170　cf. 誤りを訂正する問題、校正テスト、誤文訂正問題
マッシュ・モデル（Mush model）　31–33
マッチング形式　61, 62, 63　cf. 組み合わせ式問題

未習語　131, 132
ミシュラン書評　→　書評
未知語の推測　12, 13, 14, 128, 129, 134, 160, 161

命題的テキストベース（propositional textbase）　37, 38

黙読　11, 67, 71, 175

物語文　25, 26, 27, 28, 29, 30, 39, 40, 140, 147, 151
物語文法　26, 27, 28

〔や行〕
要旨　15, 112, 124, 134, 137　cf. 概要、サマリー、大意、要点、要約
要点　4, 7, 11–15, 17–18, 39, 40, 75, 76, 94, 139, 142
要約　4, 15, 17, 18, 28, 91, 160
～課題　72–76
予期的推論　30

〔ら行〕
ライティング　3, 19, 66, 72–77, 123, 138, 141, 145, 147–151, 161

リスニング　66
リーダビリティ　20–24
「リーディング」（科目名）　12
リーディングストラテジー　9, 128, 130

ルーブリック　148, 149, 151, 156, 162, 163, 164

連続型テキスト　107

論説文　25, 26, 27, 28　cf. 説明文
論争型テキスト（argumentative texts, controversial texts）　30, 31

〔わ行〕
和訳　15, 18

〔欧文〕
ACE（Assessment of Communicative English）　33, 34
ALT　142, 143, 144, 152

BigEditor　54

Can-do リスト　6–8, 25
CELLA (Comprehensive English Language Learning Assessment)　69–70
CFG　→　当て推量修正公式　45, 47
cloze elide test　54　cf. クローズテスト
Clustered Objective Probability Scoring (COPS)　48
Common European Framework of Reference　163
Confidence Weighting (CW), Confidence Marking　47, 48, 49
C-test　54　cf. クローズテスト
CW　→　Confidence Weighting

Dale-Chall の公式 (Dale-Chall Readability Formula)　21–22

Elimination Testing (ET)　45–46, 47, 49
ETS (Educational Testing Service)　5, 69, 82

Flesch の公式 (Flesch Reading Ease)　21
Flesch-Kincaid の公式 (Flesch-Kincaid Grade Level)　21, 24
FORCAST　24
Fry Graph　24

Google　166

IELTS (International English Language Testing System)　3–4, 5

MC　→　多肢選択式

Not Given　4
NR　→　多肢選択式テスト　45, 46, 47, 49

PISA 調査　107–111

read and look up　68, 70
Reading Aloud for Fluency　69–70

SLEP (Secondary Level English Proficiency)　82
Story Retelling Speaking Test (SRST)　71–72
Subset Selection Technique (SST)　46–47, 49

Teacher's Manual　125
TOEFL (Test of English as a Foreign Language)　36, 41, 50, 51, 60, 62, 78, 82
TOEIC (Test of English for International Communication)　5–6, 33, 34, 41, 50, 55, 78, 80, 81, 82

Vocabulary Levels Test (VLT)　59, 60, 61
Vocabulary Size Test (VST)　60–61

編著者・執筆者紹介

●編著者

卯城　祐司(うしろ　ゆうじ)　編集および第 1 章(1 節)、第 3 章(2 節、3 節)担当
　北海道教育大学旭川校教育心理学科卒業。在学中、文部省派遣により米国南イリノイ大学心理学科に留学。北海道の公立高等学校 3 校の教諭として勤務の間、現職派遣として筑波大学大学院修士課程英語教育コースを修了。北海道教育大学釧路校助教授、筑波大学助教授、文部省在外研究(連合王国ランカスター大学言語学部)などを経て、現在、筑波大学人文社会系教授。博士(言語学)。全国英語教育学会会長、小学校英語教育学会前会長、関東甲信越英語教育学会前会長。専門は、英語教授法全般、リーディングおよび第二言語習得。著書に『英語リーディングの科学――「読めたつもり」の謎を解く』(編著・研究社)、『英語で英語を読む授業』(編著・研究社)、*Flexibility of updating situation models: Schema modification processes of Japanese EFL Readers*(Kairyudo),『図解で納得！ 英語情報ハンドブック』(ぎょうせい)、『平成 20 年改訂小学校教育課程講座 外国語活動』(共著・ぎょうせい)、『小中連携 Q&A と実践――小学校外国語活動と中学校英語をつなぐ 40 のヒント』(共編著・開隆堂出版)、『英語リーディング事典』(共編著・研究社)、『第二言語習得の研究――5 つの視点から』(共訳注・大修館書店)、『改訂版　新学習指導要領にもとづく英語科教育法』(共著・大修館書店)、文部科学省検定済高校教科書 *ELEMENT I, II, III*(代表・啓林館)、同中学校教科書 *Sunshine English Course* 1, 2, 3(共著・開隆堂出版)ほか著書・論文多数。

●執筆者

印南　洋(いんなみ　よう)　第 5 章担当
　広島修道大学在学中(1996–1997 年)アリゾナ州立大学留学。筑波大学大学院人文社会科学研究科修了(言語学修士、博士(言語学))。日本学術振興会特別研究員・豊橋技術科学大学総合教育院講師・芝浦工業大学工学部准教授を経て、現在は中央大学理工学部准教授。共著論文に、In'nami, Y., & Koizumi, R. (2012). Factor structure of the revised TOEIC® test: A multiple-sample analysis. *Language Testing, 29*, 131–152 (SAGE Publications, UK & USA)などがある。

木村　雪乃(きむら　ゆきの)　第 3 章(1 節)担当
　筑波大学卒業、筑波大学大学院人文社会科学研究科博士課程前期修了(修士(言語

学))、現在は博士後期課程在籍。茨城キリスト教大学兼任講師。2013年度より日本学術振興会特別研究員。第25回(平成24年度)英検研究助成・研究部門入賞「マクロルールに基づくメインアイディア理解能力の検証」。共著書にReading Cycle (金星堂)がある。

楠井　啓之(くすい　ひろゆき)　第6章(2節)担当

　大阪教育大学卒業。大阪府守口市立第四中学校、大阪教育大学附属天王寺中・高等学校、立命館中学校・高等学校、学校法人立命館一貫教育部を経て、現在は関西大学中等部・高等部教諭。2009年より英語授業研究学会理事。共著書に『英語で英語を読む授業』(研究社)、主な研究に「選択教科における中学生の英語多読指導と読解力向上に関する実証的研究」(2002年科学研究費補助金奨励研究)がある。

小泉　利恵(こいずみ　りえ)　第2章(1節)担当

　宇都宮大学卒業、筑波大学大学院教育研究科修了(教育学修士)、筑波大学大学院人文社会科学研究科修了(言語学修士、博士(言語学))。現在は順天堂大学准教授。第17回(平成16年度)英検研究助成・研究部門入賞。共著書に『英語リーディングの科学——「読めたつもり」の謎を解く』(研究社)、代表的な共著論文にDevelopment and validation of a diagnostic grammar test for Japanese learners of English (2011年、*Language Assessment Quarterly*, 8号)などがある。

斉田　智里(さいだ　ちさと)　第1章(2, 3節)担当

　東京大学卒業。茨城県立高等学校教諭として勤務の間、現職派遣で筑波大学大学院教育研究科英語教育コース修了(教育学修士)。英語学力テスト研究で博士(心理学・名古屋大学)。茨城大学人文学部助教授、准教授を経て、現在は横浜国立大学教育人間科学部教授。『英語教育学大系第13巻　テスティングと評価—4技能の測定から大学入試まで』(共編著・大修館書店)、『全国学力調査　日米比較研究』(共著・金子書房)、『英語学力経年変化に関する研究』(風間書房)、*Language Testing*掲載論文などがある。

清水　遥(しみず　はるか)　第2章(3節)担当

　筑波大学卒業、筑波大学大学院人文社会科学研究科修了(修士(言語学)、博士(言語学))。2010–2011年度日本学術振興会特別研究員。現在は東北福祉大学専任講師。第22回(平成21年度)英検研究助成・研究部門入賞「英文読解におけるテキスト間情報統合能力の検証」。平成23年度全国英語教育学会学会賞(学術奨励賞・共同)受賞(2011年、*ARELE*, 22号、共著)。共著書に『英語リーディングの科学——「読めたつもり」の謎を解く』(研究社)。

鈴木　修平(すずき　しゅうへい)　第7章(2節)

　札幌大学卒業。2008–2009年度現職派遣教員として筑波大学大学院教育研究科修

了(教育学修士)。1998年より北海道公立高校に勤務。現在は北海道旭川北高等学校教諭。主な論文にEffect of text signaling devices on Japanese EFL reading processing (2012年、*The Tsukuba Society of English Language Teaching*, 33号)(第14回筑波英語教育学会新人賞佳作)や、共著書に『英語で英語を読む授業』(研究社)などがある。

寺島　清一(てらしま　せいいち)　第6章(1節、4節)担当

　獨協大学卒業。筑波大学大学院教育研究科修了(教育学修士)。茨城県稲敷市立江戸崎中学校教諭、在外教育施設派遣(ローマ日本人学校)を経て、現在は茨城県つくば市立竹園東中学校教諭。主な論文に、The PISA reading literacy test and the EFL reading test: comparative study (2009年、*The Tsukuba Society of English Language Teaching*, 30号)、共著書に『英語で英語を読む授業』(研究社)がある。

中川　知佳子(なかがわ　ちかこ)　第4章、第9章(2節)担当

　宇都宮大学卒業。2003–2004年ロータリー財団国際親善奨学金を得てエディンバラ大学大学院修了(Master of Science)、筑波大学大学院教育研究科修了(教育学修士)、筑波大学大学院人文社会科学研究科修了(修士(言語学)、博士(言語学))。2007–2009年度日本学術振興会特別研究員。第19回(平成18年度)英検研究助成・研究部門入賞。平成23年度全国英語教育学会学会賞(学術奨励賞・共同)受賞(2011年、*ARELE*, 22号、共著)。現在は東京経済大学准教授。共著書に『英語リーディングの科学――「読めたつもり」の謎を解く』(研究社)、『英語で英語を読む授業』(研究社)、*Reader's Ark / Reader's Ark Basic / Reader's Ark Intro* (金星堂)、文部科学省検定済高校教科書 *ELEMENT I* (啓林館)などがある。

名畑目　真吾(なはため　しんご)　第3章(5節)担当

　筑波大学卒業、筑波大学大学院人文社会科学研究科修了(修士(言語学)、博士(言語学))。2012–2014年度日本学術振興会特別研究員。現在、共栄大学教育学部専任講師。受賞歴に第24回(平成23年度)英検研究助成・研究部門入賞「Latent Semantic Analysis (LSA)による空所補充型読解テストの解明文レベルの意味的関連度を観点として」、平成23年度全国英語教育学会学会賞(学術奨励賞・共同)受賞(2011年、*ARELE*, 22号、共著)がある。

長谷川　佑介(はせがわ　ゆうすけ)　第2章(2節)担当

　筑波大学卒業、筑波大学大学院人文社会科学研究科修了(修士(言語学)、博士(言語学))。2012 -2014年度日本学術振興会特別研究員。現在は上越教育大学専任講師。受賞歴に第24回(平成23年度)英検研究助成・研究部門入賞、平成23年度全国英語教育学会学会賞(学術奨励賞)受賞(2011年、*ARELE*, 22号、共著)、2012年英国応用言語学会最優秀ポスター発表、2013年度日本言語テスト学会最優秀論文(2013年、*JLTA Journal*, 16号、単著)、共著書に *Reading Cycle* (金星堂)がある。

深澤　真(ふかざわ　まこと)　第8章、第9章(1節)担当

　中央大学卒業。米国 Saint Michael's College 大学院修了(MATESL)。筑波大学大学院教育研究科(2006年度現職教員1年制プログラム)修了(教育学修士)。茨城県立竹園高等学校など公立高校で20年間の勤務の後、茨城大学人文学部准教授を経て、現在、琉球大学教育学部准教授。受賞歴に第21回(平成20年度)英検研究助成・研究部門入賞「スピーチにおける生徒相互評価の妥当性――項目応答理論を用いて」。共著書に『英語で英語を読む授業』(研究社)がある。

星野　由子(ほしの　ゆうこ)　第3章(4節)

　上智大学外国語学部卒業、筑波大学大学院人文社会科学研究科修了(修士(言語学)、博士(言語学))。2007–2008年度日本学術振興会特別研究員。現在東京富士大学准教授。第20回(平成19年度)英検研究助成・研究部門入賞。平成23年度全国英語教育学会学会賞(学術奨励賞・共同)受賞(2011年、*ARELE*, 22号、共著)。共著書に『英語リーディングの科学――「読めたつもり」の謎を解く』(研究社)、著作に The categorical facilitation effects on L2 vocabulary learning in a classroom setting (2010年、*RELC Journal*, *41*)、『英語語彙指導の実践アイディア集』(大修館書店、2010年、共著)がある。

松崎　秀彰(まつざき　ひであき)　第6章(3節)担当

　筑波大学卒業。2011–2012年度現職派遣教員として筑波大学大学院教育研究科修了(教育学修士)。現在、私立茗溪学園中学校高等学校教諭。2008年(財)金子国際文化交流財団主催、第24回「金子賞」受賞。2012年度筑波大学大学院教育研究科長賞受賞。主な論文に The Effects of Higher Level Processing Task and Instruction on Japanese EFL Readers (2013年、*The Tsukuba Society of English Language Teaching*, 34号)、Japanese High School Students' Perception and Attitude Toward Higher Level Processing Tasks (2013年、*IRICE PLAZA*, 23号)、共著に「大学入試センターリスニングテストの導入による影響：高等学校・大学の熟達度テストの経年変化から」(2012年、(独)大学入試センターリスニングテスト検証研究会編、平成23年度リスニングテストの実施結果や成果等を検証し、その改善を図るための調査研究に関する報告書)がある。

松下　信之(まつした　のぶゆき)第7章(1節、3節、4節)、第9章(3節)担当

　大阪外国語大学卒業。在学中(2000–2001年)ノーザンアイオワ大学留学(TESOL)。大阪府立勝山高等学校を経て現在は大阪府立高津高等学校教諭。共著書に、『英語で英語を読む授業』(研究社)、『英語授業ハンドブック〈高校編〉』(大修館書店)、文部科学省検定済高校教科書 *ELEMENT I*(啓林館)などがある。

矢野　賢(やの　けん)　第7章(5節)担当

　帝京大学卒業。筑波大学大学院教育研究科修了(教育学修士)。宮城県志津川高等

学校等を経て、現在は茨城県立水戸第一高等学校教諭。主な研究に The effects of visual aids and analogies on Japanese EFL reading comprehension（筑波大学修士論文、2011 年）、受賞歴に平成 22 年度筑波大学大学院教育研究科長賞、平成 23 年度全国英語教育学会学会賞（学術奨励賞・共同）受賞（2011 年、*ARELE*, 22 号、共著）。第 25 回（平成 24 年度）英検研究助成・研究部門入賞「統合タスクにおける文章と質問内容との構造的類似性がスピーキングパフォーマンスに与える影響」。共著書に『英語で英語を読む授業』（研究社）がある。

KENKYUSHA
〈検印省略〉

英語リーディングテストの考え方と作り方

2012 年 9 月 30 日　初版発行　2016 年 2 月 19 日　2 刷発行

編著者　卯城祐司
発行者　関戸雅男
発行所　株式会社　研究社
　　　　〒102–8152　東京都千代田区富士見 2-11-3
　　　　電話　03(3288)7711(編集)
　　　　　　　03(3288)7777(営業)
　　　　振替　00150-9-26710
　　　　http://www.kenkyusha.co.jp/
印刷所　研究社印刷株式会社

装幀　廣瀬亮平
ISBN 978-4-327-41082-7　C3082　Printed in Japan